河出文庫

終着駅

宮脇俊三

JN072385

河出書房新社

終着駅　目次

第一章　終着駅

第二章　車窓に魅せられて

第三章　鉄路を見つめて

第四章　レールに寄り添いながら

第五章　書評・文庫解説

終着駅

第一章　終着駅

原野のはての漁港町（宗谷本線・稚内）

終着駅には旅情がある、という。

しかし、駅だけを眺めてみても特別の形をしているわけではないし、線路が行き止まりになってはいるけれど、これも大都市近郊の私鉄にいくらでもある。

それに、旅情というのは、突然に発情してくるものであり、さあ終着駅だ、と思ってもなかなか催してはこない。

私は鉄道の時刻表の愛読者であり、それが昂じて国鉄全線に乗ってしまったような人間なので、約一二〇ほどある終着駅のすべてに一度は降り立ったことがある。その経験から言うと、

「終着駅の旅情とは、そこに至るまでの線路と旅客との交情によって生まれる」

となる。私なりの貧しい定義だが、そう思っている。

終着駅の代表格は、なんといっても稚内《わっかない》であろう。日本最北端の駅、さいはて、宗谷海峡、カラフト。けれども、稚内駅に着いて改札口を出ると、せっかく催しかけた旅情を冷ましかねない町がある。駅前だけでなく町を歩けばなおよくわかるのだが、

ここは道北第一の活気ある漁業都市なのである。

つい二ヵ月前、稚内に行った。一〇月一六日、急行「天北」で17時48分に着いたときはすでに暗くなっていた。改札口を出たとたん、客引きにつかまった。それを振りはらいながら駅前を見回したが、建築中のビルや大型の商店ばかりが眼に入って、適当な駅前旅館がない。

さいわい線路際の五、六階建のビルの脇に「ビジネスホテル」の看板を見つけたので、四階のフロントまで階段を上った。エレベーターはなかった。息をはずませながら上ったのに満室であった。

私は駅前の旅行案内所へ行き、南稚内の駅に近いビジネスホテルを紹介してもらった。だいぶ距離があるのでタクシーに乗り、稚内の景気について訊ねた。

「魚は普通に獲れているようですなあ」

とのことであった。これはよほど景気がよいと解釈してよいだろう。

ダブルベッドなのにシーツや毛布はシングル用という妙な部屋であった。夜中に二度も眼をさました。このビジネスホテルが地元の若い市民の交際の場でもあることを、私は深夜になって知った。

けれども、稚内を終着駅とする宗谷本線は別の顔を持っている。とくに幌延《ほろのべ》から稚内までの車窓は、日本にもこんなに寂寞としたところがあるのかと思わせる。

おすすめしたいのは、札幌発21時20分の急行「利尻」で、四月から九月までなら、幌延に着くまでに夜が明ける。急行ではあるが、古風な客車列車で、鈍行なみの速度で走ってくれるのもよい。

午前五時すぎ、左窓にサロベツ原野が広がりはじめる。牧場と湿原だけの淋しすぎるような原野である。

サロベツ原野が終り、六時ごろ抜海《ばっかい》という駅をゆっくり通過する。蒸気機関車の撮影地として名高かった駅である。クマ笹と這松のような形をしたミズナラだけの無人の丘陵の間から突然崖の上に出ると、窓の下に海、そして朝日を浴びた利尻富士の全景が見える。

人家はまったくなく、荒蕪地に敷かれた単線の線路だけをたよりに、旧式車両をつないだ急行「利尻」はあてもなくさまようかのように右に左に体をくねらせる。

抜海から一五分、にわかに赤や青の金属屋根が続々と現われて南稚内に停車、そして6時22分、「利尻」は、さいはてらしくない活気ある終着駅稚内に着く。

都心にのこる終着駅の原型（片町線・片町）

大阪の土佐堀通は東西をつらぬく主要道路である。これを東へ向かって行くと、北浜や天満橋までは新しいビルが並んでいるが、やがて左右は古い木造やモルタルづくりの商店街になり、「まからんや」という雑貨店があったりする。若い二人連れなどは引き返してしまいそうな、ややうらぶれた街並みになる。

それでもかまわず進んで行くと、土佐堀通に立ちふさがるように、古い大きな木造建築があって、軒に「片町駅」と横書きした看板がかけてある。通りを東へ向かう車の列は右へ迂回しなければならないので、当然ながら渋滞している。

主要道に負けずに居据っているのだから、由緒ある駅なのであろうが、中に入ってみると閑散としている。駅前を迂回するトラックの地響きやブレーキの音とは対照的に静かである。

改札口と直角にプラットホームが延びていて、五両編成の国電が停まっているが、どこか広々としている。広々と感じられるのは、跨線橋や地下道の入口がないためであろう。都市部の国鉄の駅で、こんな感じをあたえる駅は珍しい。

列車が三方をホームで囲まれた袋小路に突っこんで停まり、正面に駅舎がある、という設計は私鉄の終着駅の多くがそうであるが、大都市の国鉄の駅でこの形を純粋にとどめているのは片町だけだと思う。ヨーロッパの鉄道に乗った人ならそれを思い出すかもしれない。これが終着駅の原型であり、映画「終着駅」の舞台になったローマの中央駅《テルミニ》をはじめ、パリやロンドンの駅など、すべてこの形式のままである。

このように設計された駅を鉄道工学の用語「頭端式停車場」という。「Stub（切株）Station」の訳だそうである。これに対して線がホームに遮られずに先へと延びているのを「通過式停車場」（Through Station）と呼んでおり、東京駅、大阪駅などの主要駅でも通過式になっている。青森駅ですら通過式で、青森を通過したら海に落ちてしまうはずだが、連絡船への積み込み用線路や折り返し列車の出し入れ用の線が先へ延びているから、やはり通過式なのである。

日本でも明治のころは旧新橋駅、上野駅をはじめ大都市の終着駅はヨーロッパにならって頭端式が多かった。敷設された線路のぎりぎりまで乗客を突っこめるという利点があるからである。

けれども、電車とちがって蒸気機関車を先頭にした列車が袋小路に入ってくるのだから、車両運用の面ではまことに能率のわるい構造であった。

列車本数が少なければ頭端式でよいのだが、日本のように鉄道輸送が急成長をとげた国では、たちまちそれが列車増発の障害となり、通過式の新設(新橋など)や併設(上野駅)がおこなわれたのであった。

そういう停車場史のなかで、なぜ片町駅だけが原初形のままで取り残されたのかは、大阪市の国鉄・私鉄の線路図を見れば、おのずと理解できるにちがいない。

つい最近、私は片町線と大阪環状線の交差駅である京橋から片町まで、わずか五〇〇メートルであるが乗ってみた。午後の八時過ぎであったから郊外へ向かうホームは雑踏していた。これは当然だが、意外にも逆方向の片町行のホームにも三〇人ぐらいの乗客が待っている。おかしい、と思っていると、終点の片町に着くやみんなホームの向かい側に停まっていた四条畷《しじようなわて》行の始発電車に乗って引き返して行った。京橋からでは座席を確保しにくいのであろう。

片町の改札口を出たのは、私のほかに二人しかいなかった。駅前は、老舗の片町駅に敬意を表するかのように急角度で迂回する土佐堀通で、車がつまっていた。

さわやか列車〝九州の小海線〟（宮原線・肥後小国）

昭和五二年度の国鉄監査報告によると、収支係数のもっとも悪い線区は北海道北部にある美幸《びこう》線で、係数二八一七、つまり一〇〇円の収益に対し支出は二八一七円というひどい状態になっている。

この「日本一の赤字線」につづく収支係数の悪い線区を見ていくと、第一〇位までのうち北海道と福岡県だけで九線区を占めている。あとの一線区は大分県と熊本県にまたがる宮原《みやのはる》線で係数二〇一五、第七位となっていて、紅一点のような存在である。

宮原線は、久留米と大分を結ぶ久大本線の恵良《えら》を起点として阿蘇の外輪山に近い肥《ひ》後小国《ごおぐに》に達する二六・六キロの線である。九重《くじゅう》連山の爽やかな高原を行くので「九州の小海線」とも称されている。

列車は一日三往復（土曜のみ四往復）で、たった一両のキハ二〇という旧式ディーゼルカーが、わずかな客を乗せてゆっくりのんびりと走る。四人掛けの席を一人で占め、窓を開けて高原の空気を吸いながら一時間も乗れて運賃は二七〇円、これはどう計算しても安い。もっとも、これに対する国鉄の支出は五四四〇円ということになるのだから気の毒でもあり有難くもある。

沿線には壁湯という川の淵に湧く洞窟温泉があり、ひなびた混浴ぶりがチラと眼に入るかもしれないが、やはり宮原線の焦点は麻生釣《あそづる》駅を中心とする高原であろう。

恵良から二つ目の宝泉寺を出るとにわかに勾配が急になり、ディーゼルカーは左右に大きくカーブしながらゆっくり登って行く。速度は二〇~三〇キロで、急いでみたところでしょうがありませんよ、といった感じであるし、それが二〇分もつづくから気の短い人はイライラしてくるかもしれない。

しかし、スピードとか時間とかそんなことは超越してのんびりしていると、勾配を登りつめたディーゼルカーは高原のまっただなかにぽつんと停車する。ここが麻生釣高原で県境となっている。ホームより一段低いところに建てられた駅舎は山小屋風のつくりで、そのほかに人家はなく、放牧の牛が草を食んでいたりするから、これでも日本なのかなと疑ってみたくなるような駅である。

この麻生釣からつぎの北里《きたざと》へ向かって下って行くにつれ杉林が目立ってくる。整然と植林され下枝の伐採などよく手入れされた美林で、このあたりから小国杉の産地となる。

北里駅は名のとおり北里柴三郎博士の生まれたところで、右手の集落のなかに白壁づくりの生家が車窓からも見えるらしいが、私は見落とした。

終点の肥後小国はたった一両のディーゼルカーが出入りするにしては案外大きく、駅舎のなかには数人の駅員がおり、駅前広場も広かった。

小国町は小国杉で栄えている町であり、宮原線の名称もこの町の中心が宮原であることからきている。とすると、宮原線は小国杉の搬出用として敷設されたのであろう。そして肥後小国は杉材を積みこむための貨物駅なのだ。すくなくとも昭和二九年に開通した当時はそうであったにちがいない。

けれども、いまや杉の運搬は鉄道からトラックへと移り、宮原線は目をおおうような大赤字線にされてしまったのである。

杉は「一雨千両」といわれるほどによく育つ。小国町には杉長者が一〇人以上もいるという。一両のディーゼルカーのわずかな客を相手にしながら、国鉄肥後小国駅はうらめしそうに雨に打たれる日が多いのだろう。

その名もゆかしき伝説の里（吾妻線・大前）

嬬恋《つまごい》村というのが群馬県の西部にある。軽井沢からバスで草津や万座へ向かった人は、浅間山の北麓に開けた広々としたキャベツ畑を覚えているにちがいない。このあたりから吾妻《あがつま》川の谷をはさんで白根山の南麓までが嬬恋村である。

昭和四六年三月、この村を南北に二分する吾妻川に沿って国鉄の新線が開通した。上越線の渋川から長野原まではすでに開通していたが、ようやく村役場のある大前まで延長されたのであった。工事中は嬬恋線と呼ばれていたが、営業開始と同時に渋川―大前間五五・六キロを吾妻線と呼ぶことになった。

「嬬恋」といい「吾妻」というのは、あの日本武尊《やまとたけるのみこと》が東征の帰路にこのあたりを通ったとき、浦賀水道に身を投じた弟橘媛《おとたちばなひめ》を偲んだという伝説によっている。

吾妻線は谷の眺めのよい線である。両岸の樹々も濶葉樹が多く、新緑・紅葉の名所となっている。私は新緑の季節に乗ったことがあり、紅葉のときもさぞよかろうと思った。

沿線には温泉も多い。関東耶馬渓といわれ峡谷の眺めのよい川原湯《かわらゆ》は線路の近くに湧いているし、中之条駅からは四万《しま》や沢渡《さわたり》、長野原駅からは草津や花敷《はなしき》、そして万座・鹿沢口駅からは駅名のとおり万座、鹿沢、新鹿沢へと各温泉場へのバスが出ている。所要時間は二五分ないし一時間までで便利である。

女の人には興味のないことだろうけれど、鉄道ファンにとっては見逃すことのできない名所がこの線にある。それは川原湯駅の手前にある樽沢トンネルで、長さは七・二メートル、三七六八個所もある国鉄のトンネルのうち、これがいちばん短い。一両の車両の長さはだいたい二〇メートルぐらいだから、前の席の人はすでにトンネルを抜けているのに、後部の人はこれから入ろうとするところだったりする。しかも樽沢トンネルは短いながらも、吾妻峡谷の岩脈をくり抜いた本格的なトンネルであり、立派なカエデなども岩に根をおろしているから、なかなか風格がある。だから鉄道の、とくにカメラファンにとっては絶好の被写体らしい。鉄道雑誌などのカラーページで、頭と尻をトンネルの前後に出した写真をときどき見かける。

そんな愛らしいトンネルもある楽しい吾妻線であるが、それはとにかくとしても観光地や温泉に恵まれた線なので、全線が電化されていて、上野からの直通急行が一日五往復あり、土曜と休日には特急「白根号」も運転されている。

ところが、それらの特急が走るのは終点の大前の一つ手前にある万座・鹿沢口までで、大前まで来るのは一日五本の鈍行列車だけなのである。たった一駅三・一キロなのにまことにつれない仕打ちで、なにが嬬恋だ吾妻だという気持にもなるけれど、観光地図を見ればその仕打ちもやむをえないと思われてくる。

そのかわり心優しい人が大前行鈍行に乗れば、万座・鹿沢口駅を境にがらっと雰囲気が変わるのに気づかれるだろう。のどかで静謐で、聖域というほどではないが、「観光客立入禁止」ぐらいの感はある。

終点の大前駅は吾妻川に沿った無人駅で、短いホームと簡素な待合所しかない。村役場のある集落は川向こうの段丘の上にあり、下車したわずかな客が細い橋を渡って坂を登って行くのが見える。不便なところにある駅だけれど、この駅から乗るときは二分ぐらい遅刻しても、小さなホームの上で車掌が手招きしながら待っていてくれるだろう。

日中に走らない日中線（日中線・熱塩）

新幹線に旅情を覚える人はすくないだろう。もしいたとすれば、よほど発情しやすい人である。そういう線を一方の極とすれば、もう一方には、いかなる不感症をも癒してしまう線がある。

会津の日中線《につちゆう》は、その最たるものだと私は思う。

郡山から磐越西線に乗って、磐梯山を右窓に眺めながら会津若松に着くと、乗客の大半は下車し、車内は閑散としてくる。そこから約二〇分走ると喜多方《きたかた》という駅があり、その片隅にディーゼル機関車につながれた二両の客車が停まっている。これが日中線の列車で、喜多方—熱塩間の一一・六キロを一日三往復する。

日中線と名づけられたのは、終点熱塩のすこし先に日中温泉という鄙びた山の湯があり、そこまで線路を敷く予定だったからであるが、もはやその見込みはまったくない。なにしろ日中線は一〇〇円の収益をあげるのに経費が二〇〇〇円近くもかかるという大赤字線で、路線延長どころか、いつ廃線にされるかわからないのである。

朝一往復、夕方二往復だけで、昼間は一本も運転されないから「日中に走らない日中線」と言ってからかわれる気の毒な線であるが、これがじつにいい線なのである。

旅情を誘い出す要因を挙げてみると、その第一はなんといっても旅行者の精神状態であるけれど、これを別にすれば、つぎのようになるだろう。

一・沿線風景。これはなかなか微妙で、風景絶佳であってはいけない。人家がありすぎてはいけないが、全然ないのも困る。景色は平凡、人家がぽつぽつ、といったところがよいようだ。

二・乗客。観光客など乗る線は絶対にいけない。車内が混雑しては駄目だが、乗客がまったくないのもいけない。かつぎ屋のおばさんなど土地の人がぱらぱら乗っている状態が最上である。

三・列車。新型の車両では不可、連結車両数が多くても客との連帯感は生まれない。幹線で使い古され、都落ちしてきたのが一両か二両でぽつんと走るのがよい。できればディーゼルカーよりも機関車に牽かれる客車列車がよい。速度も遅ければ遅いほどよい。

四・駅。木造の古い建物であることが望ましい。駅員はいるのもよいし、無人駅もまたよい。

日中線はこれらの条件をすべて備えている。とくに終点の熱塩駅は、旅情を通り越して胸がつまる。

一昨年の晩春の夕暮れ、日中線に乗った。喜多方発18時32分の終列車であった。会津盆地の北辺をゆっくり北へ進み、荒れ果てた各駅で数人ずつ客を降ろす。

熱塩に着いたときは、ほとんど日が暮れ落ちていた。降りた客は五、六人で、折り返して喜多方行となるこの列車を待つ客は一人もいなかった。

熱塩駅は線路上に雑草が茂り、叢のなかに行き止まりを示す終端標が立っていた。駅舎は意外に立派で、二層の洋風屋根が夕闇のなかに優美なシルエットを見せていた。けれども、すでに無人駅となって久しいらしく、窓から中を覗くとガランとしていて、夜中になると付近の化物たちの集会場になるにちがいないと思われた。

折り返しの発車時刻になると、車掌が駅灯を消した。乗客は私ひとりであった。

魚臭と方言をのせて走る（能登線・蛸島）

蛸島《たこじま》は奥能登にある遠い遠い終着駅で、金沢から急行でも三時間一〇分、各駅停車だと五時間もかかる。

とにかく乗ってみよう。景色がよいので全区間を急行で走ってしまっては味気ない。かといって全部鈍行でも退屈するから、途中まで急行で行くことにする。

金沢発10時00分の「能登路5号」という適当な列車があって、11時09分着の七尾までが急行、あとは各駅停車となっている。「能登路」という愛らしいヘッドマークをつけているはずだから、その前で写真を撮るのも楽しい構図となるだろう。座席は、海の見える右側にとってほしい。

七尾を過ぎると七尾湾が見えてくる。湾内に大きな能登島がどっかとあるので、七尾湾は北湾、西湾、南湾に分けられ、どれも湖のように静かな海である。

列車はまず西湾を見下ろして走り、つぎに北湾の岸辺を行く。海岸にカキ殻が積んである。こんなにカキを食べてしまったかと思うほど大きな山があちこちにあり、陽光を反射して眩しい。

11時57分着の穴水《あなみず》で、輪島行が切り離される。輪島はここから四〇分たらずだが、蛸島までは二時間近くかかる。

穴水を出てしばらくすると、富山湾を一望できる高い位置にでる。晴れていれば白馬連峰も望まれるにちがいない。

鹿波《かなみ》、前波、矢波、波並《はなみ》、藤波と「波」のついた駅がつづく。どれも無人駅である。けれども、能登線の駅はどこでもそうだが、手入れが行き届いている。きれいに刈り込まれた植木や花壇のある駅が多い。植木屋や園芸店の店先に立ったような錯覚を起こさせる駅もある。そして植込みの間から入江と漁村が見える。

12時55分、宇出津《うしつ》に着く。観光客らしいグループはここで下車する。宇出津は輪島とともに観光バスの起点となっているからである。

能登半島の観光バスのルートはよくできていて、能登へはじめて行く人がそれを利用されるのに異存はないけれど、観光バスのあの「定食コース」のような見物の仕方では、どうしても「郷土の味」を賞味しそこなう。「曽々木《そそぎ》海岸へ行った？」「行ったわ」、「時国家《ときくに》見たかい」「見た見た」というだけでは修学旅行になってしまう。そのへんのところをローカル線の旅が補ってくれる。かつぎ屋のおばさんが乗ってくる。その「巻きブリ」である。ブリを縄でぐるぐると雁字がらみにしたのを下げている。名産の「巻きブリ」である。

アジの開きの臭いが車内にただよう。方言も聞ける。

入江のなかに小島の点在する松島のような九十九《つくも》湾をちらと見たりしているうちに「恋路」というホームしかない小駅を通過する。海水浴シーズンだけ停車する臨時乗降場である。松林を積んだ軍艦のような見附島も見えてくる。

13時43分、珠洲《すず》に着き、乗客のほとんどが下車する。奥能登の中心地で、佐渡へのフェリーもここから出ている。

珠洲から二駅、わずか七分走ると、ディーゼルカーはアスナロの茂る丘陵の麓に静かに停車する。終着蛸島である。

ホームには丈の揃った桜並木があり、花壇もある。駅舎もコンクリートづくりながらすっきりしていて、「蛸」に似つかわしくない清潔な終着駅であった。

遙かなる国境の町（根室本線・根室）

根室は遠い。石川啄木が「さいはての駅に下り立ち」と詠んだのは釧路だが、その釧路からさらに一三五・四キロも先にある。

東京から根室へ行くとして、飛行機を利用せずに汽車と船だけを乗り継いだ場合、どんなに急いでも二六時間二五分かかる。日本最北端の稚内よりも、もっと遠い。距離や時間の問題だけではない。日本全国を旅していて、根室ほど「遠くへ来た」との感慨をつのらせるところは他にないような気がする。

根室は国境の町である。バスで四五分も行けば納沙布《ノサップ》岬で、すぐ眼の前にソ連領の水晶島が見える。根室の町のたたずまいも、稚内や網走より鄙びて淋しく、さい果ての町に来たという印象は一段とつよい。

それらが根室を「遠く」していることはたしかだが、もうひとつある。それは釧路から根室までの車窓風景である。

釧路を発した列車は、湿原と原生林のなかを走り、寒々とした海岸に出て厚岸《あっけし》に着く。ここまでの車窓もなかなかいい。北海道らしい景観を満喫できる。

けれども、厚岸を過ぎてからが素晴らしい。素晴らしい、と言っても人家も何もない寂寞としたところを、ただひたすら東へ東へと走るだけで、とくに見所はない。ヨシの茂る原始のままの湿原がある。白樺、エゾマツ、トドマツなどの雑木林がある。立枯れの大木が乱舞する荒地がある。ウミガラスが枯枝にとまっている。そういうところばかりを走る。景色が良いとか悪いとか、そういった次元をこえた「超風景」が車窓を単調に過ぎて行く。

この沿線は霧の深いところだ。寒流と暖流とが沖合でぶつかるので、海霧が発生しやすいという。とくに春から夏にかけては霧の日が多い。荒蕪地ばかりで耕地がないのも、陽光に恵まれず作物が育たないからだ。

その海霧が雑木林を乳白色に包み、広漠とひろがる根釧《こんせん》原野に重くたれこめる。根釧原野は日本一人口密度の少ないところである。

こんなところに線路を敷き、ディーゼルカーを走らせて、いったいこの先に何があるのか、という気持がしてくる。根室があるからだし、客も乗っているけれど、窓外の眺めは根室の存在を否定しそうになる。

根室に向う客は大きな荷物を持っている。乗客数にくらべて網棚の荷物が多い。根室の人たちはどこへ行くにも帰るにも遠いから、荷物が多くなるのであろう。

花咲《はなさき》ガニで知られる花咲港を過ぎると、列車は左へカーブしながら、納沙布岬へとつづく細長い根室半島を横切り、無人駅の東根室を通過する。線路はさらに左へ曲って西向きに根室に入るので、この東根室が国鉄最東端の駅となっている。東経一四五度三六分、東京と約六度の差があり、東京より夜の明けるのが二四分早い計算になる。

終着根室はトタン葺き屋根の平屋建てで、何の変哲もない駅舎である。

大きな荷物を持った客たちといっしょに改札口を出ると、駅前にガランとした大通りが港へと向っている。車が少ないから冬なら港を埋めた流氷が望める。夏なら、たぶん霧がかかっているだろう。

根室はアイヌ語のニムオロまたはネモロで、木の茂る所の意だというが、低い粗末な家並のつづく町に木は少ない。駅前にも通りにも、いたるところに「北方領土を返せ」の看板が立っている。

車中はジョンガラ節と津軽弁（津軽鉄道・津軽中里）

津軽平野のちょうど真ん中に五所川原という町がある。津軽では弘前につぐ第二の町で、岩木川の広い河原に沿い、岩木山を近くに望む明るいところである。わずかながらポプラもあって、北海道に近いことを思わせる。しかし、明るいといっても、それは春から秋にかけてであって、冬は厚い雪雲の下になる。

この五所川原へは青森からバスでも行けるが、弘前から国鉄五能《ごのう》線の列車に乗ると、リンゴ畑の中を走るので面白い。沿線のリンゴは樹齢五〇年という老大木が多く、怪獣のように枝をくねらせて車窓すれすれまで伸び、五月には白い花を咲かせ、一〇月には紅い実をつける。大木なので一本の樹に五〇〇個以上の実がなり、車窓から手を伸ばすと届くのもある。

そういうリンゴ畑の中を五能線は二〇分も走るから、日本人はこんなにリンゴを食べるのかと驚かされる。

リンゴ畑が尽きて五所川原に着く。ホームの右手を見ると、車体の上半分をクリーム、下半分をオレンジに塗り分けたディーゼルカーが停まっている。クリームもオレンジも国鉄よりやや淡く、色あせて見える。これが津軽鉄道である。

津軽鉄道は五所川原から津軽平野を北へ向かい、津軽中里に達する二〇・七キロのローカル私鉄で、昭和五年に開通した。もう半世紀も津軽の野を走ってきたことになる。運転本数は一日二一往復で、片道約四五分、ほとんどがディーゼルカー一両か二両で運転されるが、ディーゼル機関車に牽かれる客車列車も一編成だけ走っている。

この客車列車は、冬になると車内にダルマストーブが積みこまれ、乗客はそれを囲んで炉端談議をしたり、「津軽ジョンガラ節」を唸ったりするという。

私は六月はじめ、津軽鉄道に乗りたくて五所川原へ行った。ストーブの季節ではないが、せめて乗客列車に乗りたいと思ったので訊ねてみると、いまは機関車の修理中で走っていないとのことであった。

国鉄の五所川原駅は新しくて立派だった。そのすぐ北側に接して津軽鉄道の駅舎があったが、国鉄とは対照的に小さくてみすぼらしい木造で、土地のおばさんたちが数人、改札が開くのを待っていた。

改札口を入ると国鉄のホームに出る。そこから国鉄と共用の跨線橋を渡って行くのだから、何ゆえに津軽鉄道専用の駅舎や改札口があるのかわからない。温泉場の大浴場などで、脱衣場だけ男女別々になっていながら、入ると混浴というのがあるが、それと似ていた。

私が乗ったのは昼過ぎの列車だった。通勤通学客はなく、二両連結のディーゼルカーの車内は津軽弁のおばさんばかりだった。

津軽弁は日本の方言のなかでは、もっともわかりにくい。抑揚《イントウネイシヨン》がちがうから、何を喋舌っているかわからない。

二五分ほどで金木《かなぎ》に着く。おばさんたちに混じって私も下車した。金木の駅から歩いて二、三分のところに太宰治の生家がある。いまは他人の手に渡り、「斜陽館」という旅館になっている。

つぎの列車はディーゼルカー一両であった。わずかなおばさんと私を乗せた単車は、昼下りの津軽の北辺を走る。岩木山が遠ざかり耕地も狭くなって、終着津軽中里に着いた。

津軽中里の駅舎も木造のみすぼらしいものであった。しかし、この小さな集落では唯一の大きな建物である。五所川原では国鉄駅の隅っこで小さくなっていた津軽鉄道だが、ここでは胸を張ってあたりを睥睨《へいげい》していた。

通り過ぎて行った参拝者の列（大社線・大社）

山陰本線は「偉大なるローカル線」といわれる。

京都から下関の一つ手前の幡生《はたふ》まで、延々六七五・四キロの長大な「本線」でありながら、電化区間はゼロ、全線のほとんどが単線のままとなっている。

この山陰本線の出雲市駅から大社線が分岐している。わずか七・五キロの短い盲腸線ながら、縁結びの神様への表参道として、明治四五年の開通いらい新婚旅行の客を運びつづけてきた線である。けれども、いまや若いカップルも団体客もバスやタクシーで大鳥居の前まで乗りつけてしまい、大社線には乗らないらしい。だから大社線は、ごく普通のローカル線と同様に地元の高校生たちの通学列車となっている。

大社線の序曲は宍道湖からはじまる。松江を発した列車は、この伝説に富んだ湖の南岸に沿って走る。島根半島の山々を背景に広々と静まった湖面に船影はない。茫洋とした湖である。

宍道湖が尽きると斐伊川《ひいかわ》の平野となる。白壁の立派な構えの農家が多い。いずれも北側は丈の高い防風林を背負っているが、四角く整然と刈りこんであるので、衝立てのように見える。「八雲立つ出雲八重垣妻ごみに……」にふさわしい出雲独特の風物だ。

水量豊かな斐伊川を渡る。簸川《ひのかわ》とも書くこの川の上流は、八岐大蛇《やまたのおろち》と草薙剣の神話で知られる砂鉄の産地で、広い河原の砂は鉄分を含んで淡褐色をしている。

出雲市駅に着く。耕地も農家も防風林も川も清潔だったが、この駅もよく手入れが行き届いて塵ひとつない。出雲に来ると、いつも思う。ここは誇り高い国なのだと。気の早い人は、出雲市駅の近くに大社があると思うらしい。改札口や駅前で大社への道筋を訊ねる人が多いという。大社線の存在は忘れられかかっているのだろうか。

山陰本線と分かれた大社線の列車は、西北へ向きを変える。進むにつれて、南側から眺めていた農家を西側から見ることになる。衝立てのように見えた防風林の幅がどんどん狭まって、縦一線になる。農家のたたずまいが、光背を背負った仏像のように見えてくる。

出雲高松、荒茅《あらかや》と二つの小駅に停車し、一三分ほどで終着大社駅に着く。二、三両しかつないでいない列車が出入りするには似つかわしくない大きな駅で、ホームも広く、高い天井の堂々たる駅舎がおおいかぶさっている。

駅前広場に出て振り返ると、千鳥破風をつけた、大寺院の本堂のようなつくりの大きな駅舎が君臨し、私を見下ろしている。私一人で対応するには立派すぎる威圧を感じる。一〇〇人ぐらいで束になって向き合わないと、とても適わない駅舎である。いま私が乗ってきた列車など、すべて腹中に呑みこまれて、頭も尻尾も見えない。

かつては、この駅舎の前に善男善女の団体客がひしめき、幾組もの新郎新婦が駅舎を背景にカメラを構え合ったのであろう。

けれども今は、一台のバスと数台のタクシーが、わずかな客を待つばかりであった。

バスは、出雲そばの店々の立ち並ぶ参道を走り、大鳥居の前で私を降ろした。

広い駐車場には観光バスが幾台も停車し、旗をかざしたガイド嬢に案内された団体客が、ぞろぞろと大鳥居をくぐって行く。聖域のように静かだった大社駅にくらべると、出雲大社の境内は盛り場のように賑やかであった。

日本一ののんびり線（清水港線・三保）

現在、国鉄には二四一の線区がある。そのなかには、中央本線のように、通勤電車を二分一〇秒間隔という世界一の超過密ダイヤで運転させているのがあるかと思うと、一方では、まことにノンビリ閑散とした線区もある。

一日わずか三往復が三線区、始発に乗り遅れると終列車までない、という一日二往復が三線区、そして、「一日一往復」という珍品が一線区である。

一日にたった一往復とは、さぞかし人口の少ない地域、たとえば北海道の果てあたりの線区を想像されるかもしれないが、意外にも、人口稠密な東海道のまっただ中にある清水港線なのである。

清水港線は、羽衣伝説の松原で知られる三保と清水とを結ぶ八・三キロの短い、影のうすい線だ。ローカル線には旅情がある、というので、最近は週刊誌などにも地方のささやかな線区が紹介されるようになったが、清水港線は無視されている。終着駅の名をとって「三保線」とすれば、多少はロマンの香がただようだろうが、乗ってみれば、やはり「清水港線」と呼ばれるにふさわしい、どす黒い臨港鉄道なのである。

けれども旅情は、さい果ての岬や、さびれた城下町でなければ味わえない、といったものでもないだろう。清水港線には、そのような型にはまった旅情とは異質の、得難い味わいがあるように私は思う。

清水港線の下り列車は、清水港8時11分である。ただし、この列車に乗るためには一〇分前ぐらいには清水駅へ着く必要がある。乗り場がちょっと変ったところにあるからだ。

清水は、言うまでもなく東海道本線の主要駅で、ホームには上り下りの電車が頻繁に発着している。けれども、そのホームに降り立って、あたりを見回しても清水港線の乗り場はなく、案内標も見あたらない。

駅員に訊ねると、このホームの静岡寄りまで行き地上に降りてまっすぐ行きなさい、と教えてくれるだろう。言われたとおりにすると、入り組んだ貨物線の間の細い道を歩くことになる。貨車の操車係になったような気がしてくる。

三、四分も歩くと、貨物列車に突き当たる。これが8時11分発の三保行なのであるが、ちょっと見たところは貨車ばかりなので、はじめての客は戸惑うにちがいない。しかし、よく見ると、先頭のディーゼル機関車のすぐうしろに、古びた客車が一両だけ連結されており、そこだけ土が盛られてホームになっている。

ディーゼル機関車のピョーという警笛の音には、SLに似通う哀感がある。そして「貨物列車」であるから、ゆっくり走る。八・三キロの所要時間が二五分、相当な鈍足である。列車は、これが自分の宿命であると諦めたかのように、急がず走る。沿線の景色はよくない。魚市場や町工場をかすめ、濁った堀割りを渡る。油の浮いた貯木場もある。

やがて、列車はますます速度を落とし、のっそりと停まる。そこが終着駅三保である。あたりに松原はなく、古い木造の駅舎が、けだるく客を迎える。駅の前は平凡な住宅地で、雑貨店一軒すらない。

もしかすると、駅前に犬がいて、あなたに吠えつくかもしれない。見慣れぬ客はめったに降りない駅だから、それもやむをえない。

帰ろうにも、上り列車は16時14分発までない。犬にまといつかれながら、路地を通ってバス通りへ出る。通りには商店が並び、清水行のバスが頻繁に走っている。

〝土佐の小京都〟と足摺岬と（中村線・中村）

高知県の西南部、足摺岬に近い中村は「土佐の小京都」といわれる。応仁の乱の難を避けてこの地に移り住んだ元左大臣一条教房《のりふさ》（一四二三〜八〇）が、京都を摸してつくった町だからである。

まず、地形が京都によく似ている。四万十《しまんと》川の本流とその支流が町の東西を南北に流れていて、東が鴨川である。東と北と西が山、南が開けているのも京都そっくりで、東に連なるのを東山という。碁盤目につくられた町中に入れば、祇園があり、八坂神社があり、繁華街は一条京町となっている。そして、旧盆一六日には大文字焼きがおこなわれる。

このように、まさに「小京都」なのであるが、おなじ高知県でも中村は高知市から遠く離れ、鉄道が開通するまでは、交通もきわめて不便であった。高知県の西南部は地形が複雑で険しく、海岸はいたるところに断崖があり、山中に入れば川は極端に曲りくねって、道路事情の悪かった戦前は、高知市から一日じゅうバスに揺られなければ中村にたどりつくことはできなかった。高知市の人は、「中村は大阪より遠い」と嘆いたほどであった。

しかし、その険路を縫って延長されてきた土讃本線は、昭和二六年には四万十川の上流の窪川《くぼかわ》まで開通し、ついに昭和四五年、窪川—中村間の中村線が開通した。

現在、高松から中村まで特急「南風」が一日二往復運転されていて、所要時間は高松から四時間三〇分、高知から一時間五五分である。隔世の感ありと言わずにはいられない。

高知から中村行の列車に乗ると、しばらくは高知平野を西へ向かうが、佐川のあたりから線路がくねりはじめる。左窓からさしていた陽光が右窓に移り、また左窓に戻る。そういう個所がいくつもある。

上り下りも多くなる。上り勾配からトンネルを抜けると南国の青い海と漁港が見え、いったん海辺に下るとまた上りにかかる。左窓はるかに海が遠ざかり、トンネルをいくつも抜けて山中の小盆地に出る。ついさっきまで海の見えていたことが夢のようにさえ思われる深い山の中だ。鉄道でさえこうなのだから、バスしかなかったころは、さぞやと察せられる。

窪川から中村線に入ると、四国唯一のループ線がある。窪川から約一〇分、宇和島へ通じる予土《よど》線との分岐点川奥《かわおく》信号場を通過する際、左窓に注意していると、これから通る線路を谷底に見ることができる。列車は山の中腹に穿《うが》たれたループトンネルをひと回りして、土佐佐賀の海岸へと一気に下るのである。

中村に近づくと、これまでの険しさから一転して、見事な松原のつづく白砂の海岸を走る。これが「入野《いりの》の松原」で、長さ約一キロ、五万本あるという。こんな松原が大都市の近郊にあったなら、どれほどの賑わいを見せるかと思うが、人影もない。

終着中村は、四万十川の河原に近い明るく開けたところにある。鉄筋二階建ての新しい建物で、駅前広場も広く、「小京都」のイメージとは遠い。けれども、駅前で客を待つバスの行先標は「足摺岬」。はるばる来たとの思いがつのってくる。足摺岬まては急行バスで一時間三〇分である。

駅は町から一キロほど離れている。中村の町は、じつは書きたくないのだが、空襲と南海地震とで古い家並は失われ、わずかに碁盤目の街路に昔を偲ぶのみである。

磯の香りのする終着駅（鶴見線・海芝浦）

旅行したいが先立つものと暇がなくて……と嘆く人は多い。

飛行機や特急列車に乗って遠くへ行き、いい景色や名所を見て、ホテルや温泉旅館に泊る、というのが「旅行」であるとすれば、たしかに時間と金を必要とする。けれども、都会生活の単調な日常性から一時的に離れてみたい、という衝動を満たすためならば、かならずしも遠くへ行かねばならぬことはないと思う。ごく手近なところでも、その人の気持の持ちようによっては「旅情」にひたることができるはずだ。手近なところと言っても、その人の居住地によってさまざまだが、たとえば首都圏の人を対象とした場合、鶴見線など格好ではないだろうか。

鶴見線は京浜工業地帯の埋立地を走る貨物と工場通勤者用の線で、鶴見―扇町間七・〇キロの短い本線と、さらに短い二本の枝線《えだ》とからなっている。埋立地のため古くからの地名はなく、浅野（総一郎）、安善（安田善次郎）といった財閥創始者の名が地名・駅名になっていることからもわかるように、沿線は古い大工場ばかりの、きわめて殺伐としたところである。と言ってしまえば、それまでなのだが、とにかく乗ってみることにしよう。

起点の鶴見へは、京浜東北線で東京駅から約三〇分、横浜駅から約一〇分で行ける。鶴見線は定期券の客しか乗らないから、朝夕を除くと、まったく閑散としていて、ガランとした高架ホームに上ると、古びたチョコレート色の国電が三両連結で停っている。扇町行と海芝浦行とが交互に運転されており、どちらに乗ってもよいが、まず海芝浦行に乗ってみることにしよう。

発車すると東海道本線を斜めにまたぎ、第一京浜国道の上でまず停車する。駅名は国道、素っ気ない名前である。ついで汚い鶴見川を渡る。河岸には水上生活者の小屋が並んでいる。こういう生活も日本にあるのかと思わずにはいられない。

日本鋼管の工場のなかを走り、鶴見から七分で浅野に着く。ここで本線と分れ、右にカーブすると、左窓に運河が現われる。喫水線すれすれまで荷を積んだ荷船が行き交うさまは、オランダの運河を思わせる。

昼間なら三両連結の車内には一〇人とは客がいないはずである。そんなガラ空き国電は運河に沿ってゆっくり走り、新芝浦に停車する。鶴見線内の駅はすべて無人駅で、この新芝浦も「ご使用ずみのきっぷはこの箱のなかにお入れください」と書かれた箱が置かれ、人の気配のない駅が東芝の工場の入口と向い合っているだけである。下車したらこの工場に入る以外には行き場のない駅だ。

新芝浦を発車した電車は、この工場に突っこむように右へ大きく曲り、広い京浜運河に沿って停車する。ここが枝線の終点海芝浦である。

ホームの鉄柵から下を覗くと、直下に海がある。意外にきれいな青黒い海が、ひたひたとホームの岸壁をなめている。船べりから見下ろしているような錯覚をおぼえる。こんな駅は日本中どこにもない。磯の香りすらしてくるではないか。

線路はさらに延びて工場のなかへと吸いこまれているので、ホームの突きあたりまで行ってみると、立て札があって、

「危い！ 構内に入ることを禁じます。岸壁に出ると海に落ちます」

と書いてある。かすかに伝わってくる工場の響きも海風にかき消されて、昼下りの終着駅は、けだるく静かである。

第二章　車窓に魅せられて

梅雨の旅の魅力

六月は旅の閑散期である。じめじめした梅雨のイメージが旅行者の足を遠のかせるのであろう。

けれども、それは草鞋ばきで泥濘の道を歩いた昔の名残りのような気もする。発達した交通機関にたよる今日の旅では、梅雨はさして苦にならない。それどころか、他の季節にはない数々の魅力をそなえているように思われる。

まず第一に風景。

四季折り折りに姿をかえる風景を愛でるのは日本の旅の特色であり醍醐味である。と言うと、まず春の桜、初夏の新緑、秋の紅葉が浮かぶが、もっと味わい深いものがある。それは「水蒸気」だ。谷から湧き上る朝もや、民家の屋根にたなびく夕もや、山肌を霞で包む雲と霧。

いろいろな季節に日本を旅していると、ああきれいだなと感嘆することしばしばだが、それを誘発する頻度がもっとも高いのは、有名観光地や名山や紅葉ではなくて水蒸気だというのが私の実感である。それは平凡な田園風景を絶景に変えてしまう。

雪舟の絵を見ると、雲や霞が画面の半分以上を占め、その間から山や川や民家がのぞいている。主役は水蒸気だ。霧の国イギリスの画家であるターナーやコンスタブルも手法こそちがえ、水蒸気を積極的に描いている。現代日本の風景画家を代表する東山魁夷氏にしても、好んで描くのは霧や雲にかすむ山河である。それぞれが水蒸気の作用に美を見出しているのであって、さすがだと思う。快晴の日を選んで撮影する絵葉書の類など足もとにも及ばない。名山の全容が写っていなくては商品にならぬ事情はわかるけれど、どうも平板でつまらない。

この風景美への水蒸気の作用が、もっとも活潑になるのは梅雨時である。「おくのほそ道」にしても、ひときわ旅情が深く、文章、句ともにすぐれているのは平泉から象潟にかけてであろうが、この区間を芭蕉が歩いたのは正に梅雨の季節であった。同行の曾良の日記によれば、雨に降られてばかりいる。

草鞋をはくことなく、この水蒸気の美に接するには、梅雨時ならどこでも可である。霞や靄に美を見出そうという姿勢さえあればよい。山峡もよく、田園もよく、河原もよいが、汽車旅好きの私が車窓で感嘆した例をいくつかあげてみたい。

雨上りの木曾谷。スギ、ヒノキの美林には立体感あふれる霞がかかって水墨画そのままである。川面からは靄が湯気のように立ち昇り、川が沸騰しているかのようであった。

上越線（在来線）の小千谷―越後滝谷間。車窓に近づく信濃川は、水蒸気が折り折りに姿をかえて何回通っても味わい深いが、すばらしい夕靄を二度見たことがある。広い川面をおおいながら匍《は》うようにして渡っていく靄には神韻《しんいん》を聞く思いがした。

大糸線の北小谷付近の姫川の谷。谷の両岸は白馬岳と妙高山にはさまれた険しい崖で、六月でも日陰には残雪がある。車窓の眺めは横よりも縦で、窓に顔をおしつけなければ空が見えない。水蒸気もそれにふさわしく竜巻状となり、雲と川とを垂直につないでいた。

このほか、陸羽西線の最上川、三江線の江川の朝靄などが強く印象に残っている。川全体が巨大な露天風呂のように湯気をあげていた。川の例ばかりになったが、残雪の冷たい水を集めた川において、そうした景観に接することが多いようだ。

以上はほんの一例だが、こうした水蒸気の美しい演出に目を見張っていると、「雨の日は天気がわるい」という通念など打破られてしまう。

つぎに、花その他。

梅雨時には、アヤメ、ハナショウブ、ミズバショウ、アジサイなどが咲く。「いずれアヤメかカキツバタ」と言われるように、これらは湿潤の季節ならではの美しさを見せてくれる。汽車の窓からでは不十分なので、鹿島線の潮来あたりで途中下車して観賞することにしよう。小雨など苦にならない。そのあでやかさは傘が似合っている。

花にもまして見事なのは苔だ。これはもう、湿気を存分にはらんだ梅雨時が最高で、名もなき路傍に足をとめるにしろ、有名な京都の西芳寺へ行くにしろ、日本的植物美の一つの極致に接することができる。苔の名所としては福井の平泉寺、京都の三千院、奈良の室生寺、松江の月照寺、太宰府の光明寺など寺が多いが、十和田湖の奥入瀬渓流、愛媛の面河渓もよい。渓流と苔はつきものだから、いたるところで苔の美しさに触れることができるだろう。軽井沢を歩けば、見事な苔を庭に敷きつめた別荘がたくさんある。

ホタルは夏の風物詩とされるが、梅雨の季節が最盛期である。農薬公害のため減ったとはいえ、まだまだ見ることができる。天然記念物に指定されるほどの名所は西日本がほとんどであるが、チラホラ見える程度で我慢するならば全国各地の水田や水辺のあちこちにいる。梅雨時に宿に泊ると、思いがけないところでホタル狩りに誘われたりする。

このように梅雨の季節は、この時ならではの魅力に富んでいるのであるが、まだ梅雨時ならではの長所がある。

日が長い。言うまでもないことだが、これは旅行者にとって大変にありがたい。九州まで行けば午後八時まで明るい。私は梅雨時とともに冬の雪国への旅を愛してやまないが、冬は日の短いのが欠点である。その点、六月は好都合で、盛りだくさんなスケジュールを組むことができる。

それから、不人気な季節ゆえに乗りものや宿が空いている、というのも長所の一つに数えてよいだろう。旅の結果の良し悪しは、さまざまな要因によって左右されるが、鉄道は混雑、道路は渋滞、宿は満員というのではおもしろくない。その面からすると、閑散期の六月は申し分ない。

なお、梅雨の季節というと、毎日雨ばかりとの観念があるけれど、気象庁の過去三〇年間の統計によれば、六月の平均的天候は関東地方の場合、晴七日、曇一二日、雨一一日となっていて、意外に雨の日が少ない。スカッと晴れる日の少ないことは他の月の統計とくらべてみてもたしかなのだが、毎日雨ばかり降っているわけではないのである。すこしく実感とちがうような数字ではあるけれど、絶対的に旅に不向きというほど雨ばかり降るわけではない。すくなくとも台風シーズンの九月よりは旅に適している。

いつ旅をするかは人それぞれの事情があり、それでよいのであって、ぜひ六月に、というつもりはないけれど、私としては六月こそ旅に出る月と思っている。

冬こそ旅の季節

冬は旅行に不向きな季節とされている。

寒い、日が短い、風景が荒涼としていて、新緑も紅葉もない、花も、ほとんど咲いてくれない、観光地のバスが運休になる。

しかし、私は冬の旅が好きだ。「日本が広くなる」からである。多様になると言いかえてもよい。

旅は日常性から脱出し、異質な風土、人情・風俗に接することに意義があると思う。

人情・風俗のほうは、近時とみに画一化され、異質に触れる機会が少なくなってきたのは残念だが、風土のほうは厳として異質を保っている。

それが、もっとも際立つのは冬である。気温を例にとると、夏休みの旅行者で賑わう八月の平均気温は、旭川が二〇・四度、鹿児島は二六・四度で、差は六・〇度にすぎない。

これにたいし、一月の平均気温となると、旭川は氷点下八・五度、鹿児島が七・〇度で、その差は一五・五度に達する。この数字で見るかぎり、冬の日本は夏の二倍半も、「広くなる」のである。しかも、氷点を境にしているので、「質」の変化をともなう。

異質に接するのが旅であるとすれば、冬こそ最適の旅行シーズンではないか。

けれども、団体旅行の募集広告などを見ると、例外はあるが、暖地や温泉を目指すのが多い。北国の人びとの場合であれば、拍手で送り、迎えたいが、東京などの概して暖かい地方の住人まで暖かい地方へ出かけようとするのは、旅としての意味が薄いような気がしてならない。もとより、ご自由であって、どうでもいいことだが。

が、思いきって、冬ならではの異質に触れてみてはどうだろう。太平洋側に住む人に、ぜひ、とおすすめしたいのは、やはり北海道である。

厳寒の北海道の原野をさまよえば、凍死しかねない。吹雪に見舞われれば視界がかすみ、方角がわからなくなって危険である。峠越えなどは命がけだ。

けれども、それは昔の旅であって、今日では汽車やバスの窓から、楽々と安全に冬の北海道に接することができる。そして、日本は広いぞ、スゴイぞと思い知るのである。そこには、避寒や温泉めぐりでは得られない「旅の感動」がある。

とくに、北海道のオホーツク海側の岸を埋めつくす流氷群は絶品だ。現地の漁業者にとっては迷惑きわまる存在であろうが、あの、きびしく荘厳な大景観は、日本にいることを忘れさせるものがある。

北海道の、しかもオホーツク海岸では遠すぎるという人も多いだろう。流氷だけが目的なら、東京から二日あれば十分だが、すくなくとも片道は空路に頼らねばならない。

飛行機はコワイ（私もコワイ）という人に、安直におすすめできるのは、日本列島の横断である。これならば鉄道による日帰り、区間によっては半日での往復が可能だ。

幅一〇〇ないし二〇〇キロ程度の細い列島なのに、冬に横断すると、なにゆえにかくもちがうのかと、造物主の不公平さに義憤を覚えるほど、その差は歴然としている。

越後の塩沢の人で、雪国の生活と伝承を世にあらわした鈴木牧之の『北越雪譜』の一節をかりれば、

「暖地の人、花の散るに比べて美賞する雪吹と其異ること、潮干に遊びて楽しむと洪濤《つなみ》に溺れて苦しむとの如し」

というほどにちがうのである。

上越新幹線という便利なものができて、この差を信じがたいほど短時間に見聞できるようになった。高崎は上州の空っ風で快晴、つぎの上毛高原も晴れ。ところが大清水トンネルを抜けると、ドカ雪の越後湯沢。その間、わずか十分にすぎない。新幹線は速すぎて味気ない乗りものだが、こうした冬ならではの演出には眼を見はる。

上越新幹線ほどではないが、そうした陰と陽を際立たせる路線や道路は、いくらでもある。中国地方の縦断線はすべてそうであるし、鹿児島本線の博多―久留米間でも気象が変わる。もちろん冬だけの眼福である。

そして、旅のもう一つの楽しみである味覚。ズワイガニ、生ガキ、フグ……。いずれも冬が旬だ。

雪の降りつづく駅におりて、人通りの少ない町の一軒の店に入る。薪が燃えていてケムイ、というような店で、これらを賞味しつつ、地酒で一献を傾けるのは、冬の旅の醍醐味である。

そんなとき、日本は旅するに価する「広い国」だと思う。

V字谷の秘境を行く

四国は観光的には地味なところだ。高原や温泉に乏しく、金比羅さんやお遍路などのイメージが強い。

けれども、西日本で、もっとも地勢が険しいのは四国である。西日本最高峰の石鎚《いしづち》山《さん》や第二位の剣山《つるぎさん》は四国にある。

山高く谷深いだけではない。その厳しい自然条件にもかかわらず、人びとが住みつき、いまなお生活している。それは都会とは対蹠的な生活環境だ。

とりわけ厳しいのは祖谷渓《いやだに》である。なのに、県道が通じ、クルマで入れる。歩かずに探勝できる峡谷としては祖谷渓が最高であろう。

私は二〇年前と三年前との二回、祖谷渓へ行ったことがある。その思い出をもとに祖谷渓案内をさせていただく。

祖谷渓に入る道は二つある。一つは吉野川との出合から祖谷川を遡る古くからの道であり、もう一つは一九七四年に開通した大歩危《おおぼけ》からの有料道路である。

後者は吉野川に沿う国道32号と祖谷村の中心部をトンネルによって直結した道路で、

祖谷渓のシンボルの「かずら橋」への近道でもあり、住民にとっても観光的にも便利だ。道幅も広い。団体観光バスなどは、この道を往復して「祖谷渓観光」をすませ、そのあと「大歩危舟下り」というルートをとっている。

しかし、これでは祖谷渓を見たことにはならない。祖谷渓の真価は祖谷川に沿う県道にある。

だから県道ルートをおすすめするが、難路なので、往復するのは難儀だ。片道は安楽な有料短絡道路を利用するのがよいだろう。「大歩危小歩危《こぼけ》」の景勝を眺めることもできる。

その場合、運転の上手でない人には、祖谷口（吉野川と出合）から入って祖谷川を遡るルートをおすすめしたい。

なぜかと言うと、県道は、ひたすら祖谷川の谷の右岸に張りついている。だから、対向車とすれちがう場合、祖谷口から遡るクルマは安全な山側へ寄るが、逆方向のクルマは崖っぷちに追いつめられる。

祖谷渓の県道は改修工事がおこなわれているが、まだ十分な二車線道路ではない。すれちがいのためにバックしなければならぬ箇所が多い。

転落するクルマがある。谷底との標高差は一五〇メートルにも及ぶ。

タクシーの運転手は、
「落ちるほうも大変だろうが、それを回収するほうはもっと大変だ」
と言った。
阿波《あわ》池田から祖谷渓にかけての地域で注目してほしいのは「段々畑」である。見上げれば、首が痛くなるほどの高みに石積みの階段状の畑と民家がある。「耕して天に至る。ああ勤勉なるかな、貧なるかな」と孫文を感嘆させたのは宇和島の段々畑らしいが、祖谷渓のあたりは、もっと地勢が険しい。谷が深いので、傾斜がゆるやかになる「天」だけを耕している。

昔は水桶や生活物資を背負って登ったというが、いまは、どの段々畑集落へもクルマ一台が通れる道が通じている。ぜひ登ってみてほしい。天と地の境のようなところで、風が下から吹き上げてくる。もちろん風景は絶佳であるが、ここに住まねばならなかった人たちの過去が胸をうつ。祖谷渓に平家の落人《おちうど》伝説が多いのも、うなずける。源氏も、ここまでは追って来られないだろう。

行くほどに祖谷渓は深まり、県道は曲がりくねる。

崖に突き出た岩があり、その上に小便小僧の像がある。このあたりが祖谷渓の、いちばん険しいところで、見事なV字谷をなしている。傾斜は六〇度か七〇度くらいだが、上から見下ろせば絶壁のように感じられる。

ここではクルマを停めて、外へ出てみよう。高所恐怖症でない人でも脚がすくむだろう。

小便小僧の少し先の崖の上に「ホテル祖谷温泉」という一軒宿がある。温泉は標高差一七〇メートルの谷底にあり、露天風呂への旅館専用のミニケーブルカーがある。

このケーブルカーは、宿泊客でなくても帳場でお金を払えば乗車できる。

小さなゴンドラのケーブルに乗る。「このケーブルカーはお客様御自身で運転していただきます」と書いてある。他に客はいない。急傾斜の細いレールが谷底へ通じている。

車内掲示に従って発車ボタンを押す。動きだす。ケーブルカーを運転するのは、はじめてだ。楽しいが、不安でもある。終点での停めかたについては書いてない。

が、前のめりの姿勢で谷底を見つめるうちに、ミニケーブルカーは露天風呂で自動的に停車した。

露天風呂で一浴。西日本の新緑や紅葉は、東日本にくらべると、いまひとつ鮮やかさに欠けるとされるが、祖谷渓の新緑・紅葉はすばらしいという。

ふたたび崖の上に戻って、先へ進めば、やや谷が開けて、祖谷渓の中心集落一宇《いちう》に入る。ここで大歩危からの有料道路が合する。

これで私の祖谷渓案内は終りにしたいが、この先三キロほどに「かずら橋」がある。この橋を渡らないと祖谷渓に来た証拠にならないかのような橋である。だから、狭い谷間に土産店がひしめき、駐車場もある。団体観光バスのガイド嬢が「バック・オーライ」と声をあげる。

祖谷渓の県道をたどってきた身からすると、味気なくなるのだが、それはそれ。「かずら橋」を渡れば、誰しも脚がすくむ。

餘部橋梁　明治の鉄道の原風景

送電線の鉄塔をつらねたような奇妙な形の橋は、山陰本線の餘部橋梁《あまるべきょうりょう》で、城崎温泉と鳥取市のあいだにある。このあたりは山が海に迫って断崖絶壁がつづき、「山陰海岸国立公園」に指定されたほどの景勝地なのだが、鉄道建設にとっては容易ならぬ区間で、その最大の難所が餘部であった。

前例のない高い橋づくりがおこなわれ、明治四五年に竣工した。長さ三一〇メートル、高さ四一メートル。このような高い鉄橋をつくる技術は当時の日本にはなく、アメリカ人の技師の指導を受け、アメリカ製の鋼橋脚を輸入せねばならなかった。こうして、当時東洋一の高さとされる餘部橋梁が完成したのであった。そういえば、この橋は西部劇に登場する鉄道橋に似ているように思われる。とにかく明治の人の鉄道建設にかけた意気ごみが伝わってくる鉄橋である。

そうした思いを抱きながら餘部橋梁を渡るのは楽しい。車窓の眺めもよい。ただし、少々スリルがある。

わずか一分たらずで、渡り終えてしまうので、ものたりないと思う人は、橋の西の端にある餘部駅で下車するとよいだろう。橋をタテに見ることができるし、集落への細道を下れば堂々たる橋脚の列が頭上を圧倒している。橋の両側は断崖であり、背景は日本海。

私は餘部橋梁が好きで、幾度か横や下から眺めてきたのだが、昭和六一年（一九八六）一二月二八日一三時二四分、この橋で大事故が発生した。団体専用列車が日本海からの強風にあおられて客車七両が横倒しになり、転落したのである。客を降ろしたあとの回送列車だったのは不幸中の幸いだったが、車掌一人と、橋の下にあったカニ加工場の従業員五人が亡くなった。事故の原因は強風で列車が横転したとして片づけられたが、橋脚の歪みによるとする説（網谷りょういち氏）もある。私はこの説に耳を傾ける。老朽化した橋なのだ。

事故いらい強風が吹くたびに餘部橋梁を渡る列車は運休するようになった。これが山陽本線のような大幹線ならば、橋の大改造やルート変更などがおこなわれたであろうが、山陰本線のこの区間の輸送量は少ない。莫大な工事費を投入するわけにはいかない。

完成いらい八七年、餘部橋梁は日本海からの風雪に耐えながら、辛うじて頑張っている。「明治の鉄道の原風景」がここにある。

肥前、海と島めぐり

私は地図を見るのが好きだし、よく旅行もするので、日本列島の図をフリーハンドでかなり詳しく書くことができる。

けれども、長崎県だけはお手上げだ。とくに佐世保付近（北松浦半島南部から西彼《その》杵《ぎ》半島にかけて）がややこしい。入江が、これでもかこれでもかと入り組んでいる。しかも長崎県には島が多い。その島たるや、単純な形をしたのは壱岐ぐらいで、ややこしい海岸線のが多い。五島列島の中通島《なかどおり》のごときは面積よりも海岸線の長さを求めて生成したかに見える。

島と九州本土とが接近しすぎて、陸続きかどうか見分けにくいのも多々ある。今をときめくハウステンボスが島（針尾島）にあるのを知る人は少ないのではないか。

このたび、本誌（「旅」）から西彼杵半島の西にある大島や崎戸《さきと》島へ行かないか、とのお誘いがかかった。編集部の取材のお相伴《しょうばん》らしいが、未知の地域なので、喜んで同行した。

ハウステンボスに一泊し、こんな大それたものをつくって、と感心したり将来を心配したりしたあと、車で入江を右左にかすめ、西海橋《さいかい》を渡り、西彼杵半島の北部を横切り、フェリーの乗り場の太田和《おおたわ》に着く。対岸に大島造船所の巨大なクレーンが見えている。

さて船で島へ渡るのだと、私は意気ごむが、長崎県の人にとってフェリーは下駄ばきの乗りものだ。着岸したとたんにトラックやマイカーがホイホイと吐き出され、待機していた車が船胴に進入する。五分ぐらいで気軽に出し入れが終って発船。

一五分で大島に着いた。

大島アイランドホテル長崎で昼食。小ざっぱりしたリゾートホテルである。九州本土側より大島のほうが賑々しい。私はノルウェイの沿岸の島々の港町を思い出した。スカンジナビア半島側より島のほうが賑やかなのである。

ホテルの社長の宮崎正弘さんの案内で造船所を車で一巡する。宮崎さんの説明は見事で、何万トンという船がどんなふうに組み立てられていくのかが、よくわかった。こういうところこそ、観光コースに組み入れてほしいと思う。

つぎに焼酎工場を見学。大樽のなかでコウジが発酵して泡立っている。匂いをかいだうえに五年ものの銘酒をたっぷり試飲したので、昼下りというのに、いい気分になった。

車は大島の東岸を南へと走り、短い橋で蠣浦島《かきのうら》へ渡る。この橋が大島町と崎戸町との境である。

崎戸町は大きな島の蠣浦島と小さな崎戸島と、さらに五島列島に近い江ノ島や平島《ひら》を含めて一町となっているのだが、なぜ「蠣浦町」でなく「崎戸町」とされたのか、わからない。

蠣浦島は炭鉱の島で、「崎戸炭鉱」と呼ばれ、昭和三〇年代の石炭ブームの頃には、人口密度が日本一というほどであった。

だが、いまはすべて廃坑。

炭積み装置は赤錆び、無人になった炭鉱住宅にはツタがからまり、「マムシに注意」の札がある。

周辺の眺めは、すばらしくよい。島々が金波銀波に浮かんでいる。目を転じれば炭鉱の廃墟がある。醜いものだが、私には美しい島々よりも、こっちのほうに心をひかれる。これこそ人間の営みの跡である。

その夜は崎戸島の「椿の宿」に泊った。亡くなったご主人は文学の好きな人で、著名な詩人の色紙などが飾ってある。

そのなかに井上光晴さんの写真や色紙があった。この宿のご主人と親しかったのだという。

　涙が出そうになるほど懐しい。

　一昨年の六月に亡くなった井上さんについて書こうとしたら大変だ。文学事典でも読んでほしいが、私は出版社に勤めていた頃、井上さんと、よく飲んだ。大声で「今晩は徹底的に飲みましょう」と言った。

　そんな大声の話のあいま、ときに静かな声で蠣浦島の炭鉱で働いていた頃の思い出を話してくれた。

　そのときは、どこのどの炭鉱かもわからずに、そんな苦労をしてきた人なのか、と思うだけだったが、いまこの崎戸島へ来て、井上さんはここにいたのかと思いをかみしめる。井上さんの生前に、この島を訪れていたなら、話がはずんだだろうと、口惜しい気がする。

夜汽車よ！　ふたたび

寝台車は大好きである。私がいちばん好きなのは睡眠で、そのつぎが鉄道だから当然、ということになる。しかも、夜行列車の醸し出す独特の雰囲気には得も言われぬものがある。

じっさい、寝台車にはよく乗った。東京、上野、札幌、新大阪に発着する寝台列車のほとんどに乗っている。

けれども、空の旅の普及や高速自動車道の整備、さらには身内の新幹線や在来線の昼間特急のスピードアップや増発によって、寝台列車の客は、すっかり減ってしまった。

乗りものは原則として空いているほうがありがたいが、それにも限度があり、あまりにガラ空きだと、乗っている当人が落ちこぼれ者のようなわびしい気分になり、手持無沙汰な車掌さんが気の毒になってくる。

現在の寝台列車のほとんどは、そういう状態になっている。とくに東海道・山陽のブルートレインがひどい。

「『あさかぜ』の寝台券あるよ」とダフ屋が言い寄ってきた時代や、金曜日の寝台券が発売日に売切れてしまった昔を懐しんでもしかたがない。人類はジェット機によって地球を小さくし、日本人は新幹線や自動車道で国土を短小にしたのだ。

ＪＲ各社は夜行列車の存続に熱意はないという。観光列車的色彩のつよい「北斗星」や「トワイライトエクスプレス」以外は、いつまで存続するか覚束ないらしい。ぜひ、いまのうちに寝台列車に乗っておいたらよいと思う。

私は編集者時代に高浜虚子、柳田國男、室生犀星、志賀直哉、谷崎潤一郎、広津和郎、川端康成、小林秀雄、三島由紀夫といった人たちに会っている。生前のハチ公も知っている。それが心の財産になっている。

適切な連想ではないかもしれないが、寝台列車についても、おなじことが言えそうな気がする。消え去らぬうちに乗っておこうではありませんか。

で、とくにおすすめしたい寝台列車を三つ選んでみた。

「出雲1号」（東京—浜田）

東京発18時44分。時刻表では京都が通過となっているが、「運転停車」（1時10分頃）して電気機関車をディーゼル機につけかえ、山陰本線に入る。左に東寺の塔のシルエットが浮かび、羅生門跡をかすめる。草木も眠る丑三つ刻の古都。高架線から見下ろす黒い瓦屋根が寝静まっている。

夜は車窓の眺めはないものと思いがちだが、空と陸とは明暗に若干の差があって、山の稜線や突出した建造物はよくわかるし、街の街路灯が家並を朧《おぼ》ろに照らす。私は、こういう夜行列車ならではの眺めに惹かれる。

そして、静まりかえった深夜の駅の風情。虚しさの美がある。夜行列車とは不思議なもので、ガタガタ走っているときは眠り、停車すると目が覚め、カーテンの隙間から駅のホームを眺める。

この九月から「出雲1号」は山陰本線の夜間工事のため、京都から山陰本線に入らず、山陽本線、伯備線経由で運転されているが、松江から先のダイヤに変りはない。

夜が明けて松江が近づくと、水の豊かな大橋川に沿う。古来の漁法の「四つ手網」が、いまでも車窓から見られるのが嬉しい。

松江（7時39分発）を過ぎると宍道湖の南の岸辺を行く。対岸につらなる島根半島の山なみの緑の濃さはどうだろう。太平洋側では見られない濃緑である。

出雲平野が右窓に広がり、ヤマタノオロチ神話の斐伊川《ひいかわ》を渡るあたり、築地松《ついじまつ》をめぐらした白壁の民家の高雅なたたずまい。

陰暦の一〇月には全国の神々がこの地に集るので、他の地方は「神無月《かみなし》」になる。一夜明ければ古代の神話の地。「出雲1号」はタイムトンネル列車である。

「瀬戸」（東京―高松）

東京発21時00分。宇高連絡船に接続する宇野行だった頃の「瀬戸」は地味な編成であったが、瀬戸大橋線の開業を機にラウンジカーやA個室寝台を連結する豪華列車に変身した。

この列車のハイライトは、言うまでもなく瀬戸大橋で、橋にさしかかるのは6時57分頃。冬でも明るくなっている。

児島を発車してトンネルを抜けると、中空に飛び出すような感じで、まず下津井瀬戸大橋（一四四七メートル）にさしかかる。海面からの高さは三一メートル。眼下に漁村と小船を見下ろす。潮の流れが青黒い海面をうねらせている。

島づたいに、つぎつぎと吊橋を渡っていく。北備讃瀬戸大橋では海面から六五メートルに達する。鉄骨に囲われてはいるが、眺望はよく、瀬戸の島々を見はるかすことができる。

寝ぼけまなこで瀬戸内海を眺められるのはこの「瀬戸」だけだろう。眠気がいっぺんにすっとんでしまう。東京から一〇時間、満を持しての一発、の感がある。ただそれだけと言ってしまえばそれまでだが、この一発のために「瀬戸」に乗る価値はある。昼間の「マリンライナー」で渡る瀬戸大橋とは、ひと味ちがうのだ。

瀬戸大橋のような大建造物に対しては、クルマなどはハエのごときものである。瀬戸大橋を海上から眺めると、電車でも力不足で、電気機関車に牽かれた長い貨物列車だけが似合っている。「瀬戸」の渡る姿を見たことはないが、たぶんカッコよいだろう。

「あけぼの」（上野―秋田―青森）

上野発21時38分。奥羽本線経由の代表的寝台列車だったが、「山形新幹線」のための改軌によって福島―山形間が通れなくなり、陸羽東線（小牛田―新庄）を経由するという変てこりんなルートになった列車である。しかし、A個室、B個室のある上等な編成ではある。

陸羽東線は非電化なので、電機からディーゼル機、また電機へのつけかえがあり、真夜中の鳴子《なるこ》温泉あたりの上り勾配を、ブルブルウーンとエンジンを唸らせながら登って行く味わいは、よきものであるけれど、眠っていて知らずに通過しても残念がるほどのところではない。

寝台列車の味わいは、一夜明ければ異なる風土を走っていることにあり、「あけぼの」はそれを強く感じさせてくれる列車である。とくに冬は、深い雪のなかで、厳しいほどの違いを見せてくれる。

7時20分に秋田に着くと、大半の客が下車し、わが「あけぼの」はガラ空きになってしまう。なぜ、さらに青森を目ざさねばならぬのかと首をかしげたくなる。

だが、秋田から先が実によいのである。

人跡も稀なクロマツの林をかすめ、ときに小さな沼が現れる。日本にも、まだこんなところが残っているのだなあ、と感心しながら秋田駅で買った駅弁を食べるのは、寝台列車ならではで、平凡な駅弁がおいしい。

「のぞみ」号、出発進行！

三月六日（金）午前四時半、腕時計の秒針を電話の時報に合せて家を出る。時速二七〇キロの列車に乗れると思うと心が躍るが、眠い。「のぞみ」に乗る（乗らされる）ビジネスマンの気持を察する。九時から大阪支社で会議、夕方から接待の会食、新大阪発21時18分の「のぞみ」に飛び乗って東京着23時48分、わが家に帰るのは午前一時過ぎ、という図式になりそうだ。もっとも、「のぞみ」で東京へ帰りますので、と言えば、二次会から放免してもらえる威力はありそうだが。

未明の東京駅の19番線には、三日まえに納入されたばかりという300系の「のぞみ」の営業用車が、処女のような白無垢の姿で待機していた。丈は低く、窓枠は空気抵抗と騒音対策のため凹凸をなくしてあるので、ノッペリと女性的である。

それに私たちムクツケき男たちが乗りこんだ。きょうの試乗客は設計などについて参加、あるいは意見を求められた人々だそうで、私もその一人である。「売店は二ヵ所にしたほうがよろしいではございませんか」と言っただけだが。

6時00分10秒。処女は動きだした。

新横浜を過ぎると、みるみる速度が上った。車内放送は、「ただいま二四〇キロ……二五〇……」と教えてくれるが、乗りなれた新幹線だから、従来の限界を突破したことはわかる。ギクッと、いままでにない硬質な横揺れもあり、二七〇キロに達したときにはスリルを感じた。

しかし、たちまち速さに慣れてしまう。小田原通過6時25分05秒。「ひかり」より五分早いのだが、それが当然のように思えてくる。

速さに慣れる習性は恐ろしいと思う。わが「のぞみ」はダイヤの関係で、ときに時速二一〇キロぐらいに速度を落とす。それがマダルッこしい。自由無比なダイヤならば、あと一〇分の短縮は可能だな、と考えはじめる。

新大阪に着いた私は、すぐ上りの「ひかり」に乗った。仕事のつごうで、とんぼ返りをせざるをえなかった。

帰りの「ひかり」の速度の遅いこと。規定の二一〇キロで走っているのに、「徐行」のように感じられる。困ったことになった。

それはとにかく、東京に着いたのは11時56分。東京―大阪間を午前中に往復するとは、恐ろしい時代になったものではある。

2階建て新幹線に乗って

はじめて「2階建て」に乗ったのはロンドンのバスだった。もう三〇年以上も昔のことになる。丈が高いのでひときわ幅がせまく見え、曲がり角で横転しないかとの不安を覚えたものだった。

それに、〝2階建て〟は豪華やゼイタクとは縁遠く、むしろ、その逆で、人間の二段がさね、詰めこみ主義のように思われた。寝台車における二段式・三段式に通じるものがあった。

私は平屋の家に住んでいる。住みついたころは周辺に畑が残っており宅地の区画も広くて、平屋がたくさんあったが、いつのまにか家が建てこみ、アパートやマンションが簇生《そうせい》して、平屋は私の家だけになっている。だから、近所の奥さんに「お宅がうらやましいわ、いまどき平屋だなんて。階段の上り下りって疲れますのよ」と言われる。そのたびに、自分はゼイタクな家に住んでいるのだな、と思う。

そういうわけで、2階建てより平屋のほうが上等との考えを私は抱いている。鉄道の場合も一段式?の個室寝台が最上だ。だいたい、駅というものは、その構造上の宿命として階段が多い。それを上り下りさせられて、ようやくホームから車内へと入ったのに、まだ階段を上らねばならぬとは、わずらわしい。

さて、このたび新幹線に2階建て車両が登場した。

これが、ひと昔まえであったなら「うむ、収容力をふやすためだな」と、私はうなずいただろう。昭和四五年、大阪万博を迎えて東海道新幹線の編成が一二両から一六両にふえたとき「2階建てを四両か五両はめこめばホームの延伸工事などしなくてすむではないか」と首をかしげたりしていたからである。

今回の「2階建て新幹線」は、言うまでもなく発想がちがう。離れがちな客を鉄道に呼びもどすための策だ。設計はゆったりしていて、収容力をふやすためではない。わずか一編成で、しかも2階建ては二両のみとは淋しいが、おくればせながら国鉄がここまで進化してきたとは感慨無量ではある。

なにはともあれ、乗ってみたい。だが、人気殺到で2階建て車の指定席など、当分は入手できないだろう。自由席券で乗って2階建て食堂車で一献のほかはなさそうだが……と思案していたところ、嬉しいことに、本誌（「鉄道ジャーナル」）から「営業運転開始日の一〇月一日に乗ってみませんか。2階の指定席を用意できるはずです」とのお話があった。大喜びでお引受けし、どうせ乗るなら東京から博多までと所望した。

一〇月一日、火曜日、発車二〇分まえの七時四〇分、東京駅の17番線へいく。

2階建ての八号車（食堂車）と九号車（グリーン車）の付近ではセレモニーの用意がととのい、人だかりがしている。

九号車に入る。2階建てといっても、上と下へ広げたので、2階のオープン席への階段は、わずか六段、個室の並ぶ一階へは五段であった。

それでも、六段上がれば眺めが変わる。ホームに立つ人びとを上から見下ろすことになる。

ホームの屋根から下げられたクス玉を中心にして出発式を待つ関係者が輪をつくっている。そのなかに国鉄常務理事の須田寛さんが立っておられる。おなじみの人だが、こんな位置から須田さんを見下ろすのははじめてで、おツムの頂きが薄くなっているのに気がついた。

定刻8時00分、華やかに発車。こうした華やかさも、国鉄をめぐる厳しい事情のなせるわざかと思うと、複雑な気持ちになる。

いろいろと新しい設備がある。背もたれはこれまで以上に傾くし、フクラハギをのせる台もある。個別の読書灯や空調、五チャンネルを選択できるラジオなど、飛行機に似てきた。

ジュースを積んだワゴンが階段を上ってきた。二人のウェイターがヨイショ、ヨイショと持ち上げてくるのだから御苦労なことだ。そして飲みものと小さなケーキが供される。グリーン車の客へのサービスだそうだ。なんだか「国鉄」に乗っている気がしなくなってきた。

多摩川を渡ると壁の速度計が二〇〇キロにちかづく。座席の位置が高くなったぶんだけ揺れの幅が広くなるのではないかと思っていたが、なめらかな走りぶりである。

「試乗のときは、ずいぶん揺れましたけど」

と、隣の席の南正時さんが言う。重心を下げる工夫をしたのだそうだ。

窓外の景色に変わりはない。わずか六段分では、やむをえないだろう。高さを感じるのは駅を通過するときだけである。

1階へ下りて、一人用個室の竹島紀元編集長を訪れる。こちらは低さが歴然としていて、地を匍《は》うようだ。窓のすぐ下を砂利が白く流れている。床はレールの踏面すれすれにちがいない。熱海のホームをかすめるときなど、ハッとするほど低かった。この2階建て車両は半地下式ともいうべき階下のほうが迫力があるようだ。

が、目新しいことばかりで、たのしい。明るすぎて目くるめくような食堂車に坐ったり、階下の売店や広い厨房を覗いたりしているうちに、たちまち新大阪を過ぎてしまった。

博多で一泊し、翌日の夕方に帰宅すると、隣の二階家にお住いの北杜夫さんの奥さんから電話がかかってきた。そして、

「2階建ての新幹線に乗ったそうですね。うらやましいわ」

とおっしゃる。私の女房は亭主の旅行に慣れきっていて、どちらへ旅行?と問われても、「さぁわかりません」と答えるのが常なのだが、今回は「2階建ての汽車に乗りに行きました」とでも言ったらしい。

現代は女性の心をつかむことこそ商売の要諦とされる。2階建て新幹線は成功するにちがいない。

イギリスの〝ぜいたく〟

昨年の六月、イギリスを一〇日間ほど旅行した。私は鉄道に乗るのが好きなので、ひたすら列車に乗った。ロンドンを起点としてイングランドの東岸を経てスコットランドに入り、エディンバラから北辺のインヴァネスへ行き、ネス湖のほとりは鉄道がないのでバスで走り、フォートウイリアムからは鉄道で、グラスゴーへ、そしてウエールズに立ち寄った。一周約二〇〇〇キロ。日本なら本州だけで四〇〇〇キロぐらいになる。

世界に君臨したイギリスに昔日の勢威はないという。国民一人あたりのGNPは日本の半分であり、貿易は振わず、外交の主導権もない。街は暗く、自動販売機などほとんど見かけない。イギリス全土の電力の消費量も日本の関東地方程度だという。

肝心の鉄道についてであるが、鉄道発祥の国にもかかわらず、見劣りがする。西欧諸国や日本と大きな差ができた。鉄道活性化の努力もほとんど見られない。英仏海峡トンネルが開通してパリ—ロンドン間に直通列車の「ユーロスター」が走るようになったのは、めでたいことだが、フランス国内は時速三〇〇キロで快走するのに、イギリスに入るとノロノロ運転になる。車両もフランス製である。

イギリス国鉄はそれなりの対応はしてきた。赤字ローカル線を九〇〇〇キロも廃止し、民営・分割を断行した。日本の場合は七社に分けたが、イギリスでは数十社に分割された。線路だけ保有する会社もあれば、その線をかりて列車だけを走らせるという会社もある。野放しの民営・分割、といった感がある。イギリスの鉄道は、もう無茶苦茶だなと私は思っていた。

ところが、実際に乗ってみると、意外なことが多かった。イギリスの鉄道は時刻表どおりに走らず、一時間や二時間の遅れは当然とされていたが、私が乗ったかぎりでは、どの列車もほぼ定時運転であった。

車内でのサービスもよく、長距離列車にはスナックがあり、飲食に不自由はしない。列車によってはワゴンに酒を積んできて無料で飲み放題、さらには食事が提供される。これもサービスで、飛行機のビジネスクラスに乗った気分にさせてくれた。

その程度のことでイギリスの鉄道を礼讃するつもりはないけれど、鉄道博物館の充実ぶりには脱帽せざるをえなかった。とくに東海岸線のヨークの博物館は目を見張るものがあった。日本の交通博物館とは比較にもならぬ大きな建物のなかに陳列された歴史的名機関車たちはピカピカに磨き上げられていた。いずれも運転可能という状態で管理されているという。こうした保存は手間と金のかかることなのだが、イギリスは、それをやっている。だから鉄道記念日などには古典的名機が動き、たくさんのファンが集るという。過去の残光かもしれないが、それを大切にしているのだろう。先へ先へと志向する日本の鉄道ばかり見てきた者にとっては、戸惑わされるものがある。

短時日のイギリス鉄道旅行のなかで、いちばん感心したのは「保存鉄道」の健在ぶりであった。これは廃止された路線を譲り受け、あるいは安く買い取って鉄道ファンたちによって運営する鉄道である。赤字で廃止になった路線だから採算は苦しいが、英語圏の国には数多くある。とくにイギリスには一六〇線区もある。

それらの路線の運営は会員制で、かなりの年額を納める。そのうち、とくに熱心な人が運転業務にたずさわる。機関士や信号手などは国家試験がある。客を乗せて走るのだから当然だろう。それらのすべては自費、つまりボランティアである。服装も自前で調達する。国鉄時代の毅然とした制服制帽で身をかためている。

運営にたずさわる人びとは多彩である。階層社会の意識が根強く、趣味のクラブ組織でも入会審査が厳しいイギリスだが、保存鉄道においては、そうしたこととは関係がない。機関士が靴屋さんで、助士が弁護士、駅長が散髪屋さんで、踏切番が大学教授だったりするそうだ。私は何人かの「鉄道員」に職業をたずねてみたが、ふだんの職業とは関係ないのさ、といった対応で質問するほうが恥かしくなった。

保存鉄道は土曜、日曜や夏期のみの運行で、運転本数も少ない。しかし、鉄道ファンの乗客が多く、それなりに賑わっているらしい。もちろん赤字路線ばかりだろうが、廃止になったという話も聞かないし、大きな事故もないようである。

そして、なによりも印象深かったのは保存鉄道にたずさわる、おじさんたちの誇り高く、嬉々とした姿である。

沿線の民家には広い庭があり、それを囲う垣根には花が咲いている。保存鉄道で休日を遊ぶ人たちは、こんなのどかな家から「出勤」してくるのだろう。うらやましいと私は思った。

スイス登山鉄道の旅

「鉄道に乗って、ゆっくりと外国を旅行してみたい」と言う人は多い。飛行機で都市から都市へ、あるいは観光地へと飛び回るのではなく、外国の田園や丘を走りたいとの願いなのであろう。

けれども、旅行社の各種各様のツアーの広告を見ても、鉄道が旅程に組み入れられているのは、きわめて少ない。スイスのユングフラウ鉄道とフランスのＴＧＶ（新幹線）の東南線、カナダのロッキー山脈越えぐらいである。

鉄道を活用したツアーの企画が少ない事情は察することができる。①鉄道の座席確保は航空機のように国際化されておらず、入手が厄介である。②航空機と団体バスのツアーならば、客の荷物を空港からホテルへと直送することができる。だが、鉄道を利用するとなると、空港―乗車駅―乗換駅―降車駅―ホテル、と転送しなければならない。

さらに厄介なのは、③「客の管理」とも言うべき問題である。航空機内での客は、空を飛ぶという異常感があるからか、おとなしい。途中で降りることもできない。空港からの団体バスは全員が乗車し終るまで発車しない。管理しやすいのである。ところが、客を鉄道に乗せればどうなるか。途中の停車駅でホームに降りて写真をとっていた客が乗り遅れる、という事態も発生しかねない。

というわけで、旅行社としては「鉄道ツアー」を企画しにくかったのではないかと思う。

だから、今回の「スイス登山鉄道の旅」に人気が集ったのは当然であろう。『旅』誌八〇〇号記念の謝恩ツアーであり、スイス政府観光局の協力によって、並みのツアーとはちがうサービスが準備されたとはいえ、定員（二五名）に対し、応募者が二〇倍にも及んだという事実は、いろいろな好条件を差し引いても、「鉄道での旅行」への願望の強さを示したものと言えそうである。私の名を冠したツアーなので、気がひけるが、こうしたデータをもとに各旅行社が積極的に「鉄道ツアー」を企画してくれれば、と願っている。

さて、六月八日（水）、午前一〇時、成田の指定されたカウンターに一行が集合。

参加者名簿を頂戴していたので、私は昨夜、じっくり拝見した。ご夫婦での参加が五組、お父さんと娘さんが一組、お姉さんと妹さんが二組。あとの九人は一人での参加だが、紅二点のIさんとUさんはどんな人かいな、と気にかかる。

年齢はNさん（男性）の二三歳からKさん（男性）の六五歳に及んでいるが、中年以上の人が多く、平均年齢は五一歳であった。男性一三人、女性一二人。

このほかに写真担当の櫻井さん、沿線案内担当で精細な案内図をつくってくださった星野さん、『旅』編集長の秋田さん、JTBの添乗員小亀さんが加わった。スイスに着けば現地のガイドさんも同行してくれるとのこと。万全の態勢である。


スイス航空のMD11型（定員二三五）はシベリアの上空を飛びつづけ、時計の針を七時間遅らせて午後六時にチューリヒに着陸した。

日本時間ならば翌日の午前一時だから、チューリヒで一泊するのが常道だろうが、わがツアーは「鉄道に乗るためなら強行軍を意に介せず」を建前としているので、空港地下駅から鉄道に乗って、さらに二時間、スイス国東南部の中世都市クールまで行って泊る予定になっている。そのほうが、あしたからの日程につごうがよいからである。

ヨーロッパの鉄道に乗るたびに、うらやましく嬉しくなるのは、座席がゆったりしていることである。しかも今回は「スイスパス」による一等車旅行だから、なおさらだ。一行の皆さんも楽しそうに窓外に眼を向けている。

左窓にチューリヒ湖が広がる。もう午後八時を過ぎているが、ここは北緯四七度、北海道の北端よりも北に位置する。しかも夏時間なので、午後一〇時までは暗くならないはずである。

チューリヒ―クール間の車窓は、スイスとしては格別のものではない。けれども、紺碧の湖の向うに岩峰がそそりたち、滝が落ちている。美しい。またスイスに来たな、と思う。

われらが一行は窓外の観察と撮影に余念がない。「この程度のところでフィルムを使いすぎないほうがいいですよ」と言ったりしたが、年配の人が多いのに、みんなが元気なので、安心した。

アルプスは雲に被われることが多く、一回行っただけで名峰の全部を見るのは困難である。今回も天候に恵まれたとは言えないけれど、夕暮れの空にそそり立つマッターホルンの孤高な姿や、ユングフラウヨッホでの白無垢の氷河や絶峰に接しられたのだから、運の悪いほうではない。

そして、スイスの景観は、アルプスの名峰のみにあるのではない。私が今回いちばん感動したのは、クライネシャイデックからグリンデルワルトへと下る区間であった。アイガーの北壁が雲で見えず、残念な思いで下っているのだが、谷あいに点在する民家のたたずまい！　絵のような、という空々しい表現がピッタリくる。しかも、私たちの電車に向って、お婆さんが手を振っている。急勾配をラックレールで下るので、窓枠を額縁に見立てると、お婆さんが斜めに立ってふん張っているように見えた。これがスイスの鉄道旅行なのだ、と私は思った。

それから、三日目の「氷河急行」に乗ったときのこと。この人気列車には各国のツアーが集っていたのだが、最後尾の車両で撮影していた櫻井さんが言った。「私たちのハコだけは異常でしたよ。みんな窓から身をのりだして……」

今回の旅を象徴している。

短い日数だったが、一行の皆さんとは、おなじみになった。酒のみのおじさんたちとのおつき合いにかたよった傾向があるが、これはしかたがない。

旅程を終えて、チューリヒ空港で皆さんと別れたあと、私は淋しさにおそわれた。もう一度やりなおしてみたくなった。ひとり旅派の私としては、はじめての経験であった。

サハリン鉄道ツアー日誌

七月二八日（土）　ソ連のフェリー「サハリン9号」は稚内を10時に出港した。まもなく右舷にサハリン最南端のクリリオン岬が見えてくる。

私たち戦前・戦中に育った世代には樺太への特別の感情がある。が、樺太の門戸は固く閉ざされたまま、戦後の四五年が過ぎた。それが突然開放され、こうしてサハリンのホルムスク（真岡）へと向っているのだ。

よき時代の到来に感謝し、嬉しくてたまらないのだが、顔や態度にはあらわれない。はしゃぎまわる齢《とし》ではないけれど。

21時（日本時間の18時）、ホルムスクに入港、旧樺太西線の線路や貨車が見えた。ホルムスクには設備のととのったホテルがない由《よし》で、バスに分乗して州都のユジノサハリンスク（豊原）へ向う。未舗装の道で、日ソの激戦地だった熊笹峠をこえる。「ツーリスト・ホテル」に着いて、円をルーブルに交換する。驚いたことに一ルーブルが二七円であった。公定のレートなら二五〇円ぐらいのはずだが実勢は十分の一にちかい。ソ連経済の破綻ぶりを実感する。それが「ペレストロイカ」、軍縮、そしてサハリンへの観光客誘致となったわけだ。

七月二九日（日）　10時にユジノサハリンスク駅へ行く。壁に貼られた時刻表を見る。列車本数が少ない。コンコースの客の姿も少ない。

一番線にDLと二両の客車が停車していた。外国からの観光客用に新調された車両で、転換式クロスシートは、ゆったりしている。内装は韓国の焼肉店のようで、奇妙な感じがしたが、これは敗戦後に置き去りにした三〜四万の朝鮮の人たちと関係がありそうだ。

10時35分に発車して旧豊真線をホルムスクへ向う。列車は山肌にとりつき、曲りくねりながら峠越えにかかる。

12時50分、ループ線で臨時停車。サハリン鉄道旅行のハイライトで、「豊真線のループ」は幻のような存在だった。軍事的にも重要施設なのであろう、数十人の監視兵の交代で宿泊する大きな詰所がある。そこへ臨時停車して、写真撮影自由とは！

ホルムスクで大陸から送られてきた一五二四ミリの台車を一〇六七ミリに換える作業を見、おなじ列車でユジノサハリンスクに戻る。

七月三〇日（月） 10時00分発の列車で北へ向う予定であったが、20時25分発に変更となり、その間は機関庫の見学や郊外の観光と知らされる。大幅な予定変更に唖然としたが、それもよい。機関庫も、ひっそりした自然のままの富内湖も行ってよかった。

20時、観光列車に乗りこむ。新調の寝台車と広軌用車体の食堂車から成っている。寝台車は二人用のコンパートメントで、上段に転落防止用の柵もベルトもないのは気にかかるが、日本のA寝台なみである。道路がわるくてホテルに乏しいサハリンとしては、「列車ホテル」に頼るほかないのだろう。

その夜は楽しかった。齋藤雅男さんをはじめ、たくさんの鉄道の専門家やファンと深夜まで歓談した。

七月三一日（火） 4時すぎ、ポロナイスク（敷香）で眼を覚ます。ツンドラ地帯を北上し、日ソの激戦地だったパベージノ（古屯）を過ぎ、6時40分、列車は北緯五〇度線で停車した。美人車掌に手をとられて高いステップから降りる。旧国境の五〇度線に立つとは夢のような気持であった。

戦後にソ連によって延長された路線を約一〇〇キロメートル走り、ティモフスクで下車。バスで西岸のアレクサンドロフスクへ行く。チェーホフの滞在した町で、流刑囚を収容した刑務所がある。パトカーに先導されて市内をめぐり、歌や踊りの大歓迎を受ける。ＶＩＰの気分だ。サハリンの眼が日本に熱く注がれているのを感じる。

ティモフスクに戻り、昨夜とおなじ列車でユジノサハリンスクへ向う。

八月一日（水）　8時20分、アルセンチェフカ（真縫）で長時間停車。サハリン島の最狭部で、西岸とを結ぶ横断線があり、北・南・西へ直通できるよう三角形の配線になっていた。小さな木造の駅舎に継電連動装置があり、女性の職員が操作している。

信号場のような駅で、乗降客は皆無にちかいだろうが、いちおう切符を売っている。一行がいっせいに切符を買う。女性職員が面くらう。切符の収集などとは無縁な国だから、不可解な人たちだと思ったろう。齋藤さんのごときは、五ルーブル紙幣を出して、釣銭がないと言われると、「五ルーブルの駅までの切符をくれ」と言って、一七〇キロメートル先の敷香まで買った。

15時10分、ユジノサハリンスク着。郷土博物館で、旧国境線から運ばれた境界標を見る。

八月二日（木）　バスでホルムスクへ。13時に出港。時計を三時間遅らせて18時に稚内着。街のネオンがまばゆい。六日ぶりに飲む日本のビールと料理のおいしかったこと。

心温まるタンタ

旅の印象は、その土地の人情の善しあしによって大きく左右される。

観光地や大都市、正確に言えば、それらのうち旅行者を相手にする施設、ということになるが、そういうところでの人情はよくない。むしろ人情以前で、相手も商売柄、虎視眈々と旅行者の財布をねらっている。彼らの毒牙に負けず、好印象を形成できたとしたならば、その人は、よほどの大人物か、旅の達人であろう。

これにたいし、名もない平凡な土地での印象はちがう。第一印象は無愛想でも底意はない。とくに見るものもなく、設備のよい宿もないのだが、心の温まってくることが多い。人間の性は、ほんらい善なのだと思うことさえある。

旅の楽しさや価値は、このへんの機微にあるのではないかと、旅好きの私は馬齢を重ねつつ、そんな考えを持つにいたっている。

観光地においては性悪、平凡な土地では性善。もとより一概に割り切れるものではないが、そうした傾向は、ある程度に旅の経験を積んできた人ならば同感されるだろうと思う。

日本国内のばあいは、まだよい。勝手がわかっている。

勝手がわからない外国旅行においては、印象の差が際立ってくる。それは、いわゆる発展途上国、とくにイスラム圏において顕著なように思われる。

エジプトに旅してカイロに泊まらない人は稀有であろうが、この首都のホテルで好印象を持つことは至難の業だろう。従業員はタカリに専念し、メードは私の鞄から金目の物を抜きとってしまう。

「富める者の物は貧しき者の物……」と、コーランにあるそうだ、ここはイスラムの世界なのだ、エジプトに来たからには、と自分に言い聞かすが、やはり、おもしろくない。エジプトとは、要するに泥棒の国ではないかと思いかける。

カイロの二流ホテルでの一夜の体験が、エジプト国の印象を形成しかねないのである。

ところが、タンタに行ってみて、その印象は払拭された。

タンタは、カイロとアレキサンドリアを結ぶ幹線鉄道の中間駅で、ナイル河の三角洲の中枢部に位置する交通の要衝である。しかし、観光地ではなく、外国人などは訪れない。しいて日本になぞらえれば高崎か郡山のようなところである。駅の構成も、よく似ていた。

どうして私がタンタに行ったかというと、エジプト国鉄の「東海道本線」ともいうべきカイローアレキサンドリア線に、ちょっと乗ってみたかったからである。

タンタ駅のホームに降り立つと、濃いまゆと浅黒い肌の人たちが、物珍しげに私を取り巻いた。人相はカイロより悪い。私は猛獣の群れの中に放たれたような気がした。

しかし、上り列車を待つ三時間のあいだに、私の不安は消え、心が温まっていた。その三時間のあいだの経過を詳述する紙幅はないが、タンタの人たちは私にたいして親切であり、物品をかすめ盗るどころか、頼みごとをしてもチップなど要求しなかった。売店の男の子のごときは、釣り銭をまちがえたといって、皺くちゃの小額紙幣やコインを届けてきさえしたのである。カイロでのエジプトと、タンタでのエジプトとでは、かくもちがうのであった。

空の旅　レールの旅

なんにも用はないけれど、福岡まで行くことになった。用がなくて旅に出られるほどありがたいことはない。だから心勇むのだが、片道は飛行機に乗らねばならぬことになっている。

片道は飛行機で……ということであれば、往きに乗るべきか、それとも帰りにするか。旅は往路が楽しく、復路は楽しくない。とすれば楽しい時間は鉄道で長びかせ、楽しくないほうは飛行機でアッサリすますのがふつうかと思う。けれども私は往路を飛行機にする。なぜなら、羽田空港に「着陸」したくないからである。

羽田空港は過密で、滑走路がフルに使用されている。当然、飛行機が行列をつくって滑走路があくのを待つことになる。〝離陸〟するときはスポットや誘導路など地上で待つからよいが、〝着陸〟の場合は上空で待たされる。低空を旋回しながら待たされるのは気分がわるい。

福岡の板付空港も空《す》いているとは言えない。しかし羽田の比ではない。これまでも待たされたことはなかった。

一〇月一二日・金曜日、午前10時35分、浜松町のモノレール駅に私はいる。いまからかりに新幹線に乗るとすれば、東京発11時00分の〈ひかり7号〉博多ゆきに間に合う時間である。私の乗る予定の日本航空361便福岡ゆきの羽田発は12時10分となっている。

モノレールの出札所には自動券売機が一〇台ほど並んでいたが、それぞれに二〇人もの行列ができている。国鉄が見たら嘆息しそうな賑わいである。

羽田まで二三〇円の乗車券を買って四両連結の車内に入る。各車両の両端はタイヤの部分だけ盛り上がり、それを背にしてロングシートがしつらえられている。平土間《ひらどま》のほうは四人がけのクロスシートだから雑然とした構造で、高低さまざまに客が鎮座したさまはサル山のようだ。

通路までいっぱいに客を乗せ、10時49分発車。運転間隔は昭和三九年開業いらいの七分ごとである。この東京モノレールは複線であるが浜松町のホームと羽田の直前が単線なので、これ以上は運転間隔を短縮できないのであろう。

並行して走る首都高速道路の渋滞を尻目にモノレールは快走する。途中、大井競馬場前、流通センター、羽田整備場（現・整備場）の三駅に停車して羽田までの一三・

○キロメートルを一五分で走るのだから、なかなかの快速である。
11時04分、羽田の地下駅に着く。案内標にしたがって地下道を通り、階段を上がると、かつての国際線のカウンターに出る。国際線が成田に移ったので、広いカウンターを国内線が使用できるようになったのである。

チェック・インは出発一時間前から始まる。予約した日航361便は12時10分発で、私がカウンターに着いたのは、ちょうど一時間前の11時10分である。まだ客はいないだろうと考えていたが、すでに二つのカウンターに一五人ぐらいずつ並んでいる。航空券には「361便」としか指定されず、ここで搭乗券に引き換えるさいに座席が指定されるのだが早い者順に窓ぎわのよい席が割り当てられるから、みんな窓ぎわに坐りたくて早目にやってきたのであろうか。

これから乗るのはB.747LRだから、窓ぎわの席が七〇ぐらいはあるはずだ。これなら十分、窓ぎわの席にありつけるな……と思いながらカウンターに航空券を差し出し、機械から打ち出された搭乗券の座席番号を見ると「12F」となっている。前から一二番目の左から六番目である。これでは窓ぎわどころか胴体の中央である。「窓ぎわはないの」と私は言った。「あいすみません、もうふさがりました」とカウンター氏は愛想よく、しかし冷たい早口で答える。

11時20分、階段を登って「出発ロビー」に出る。国際線の見送人で賑わったホールである。ホールの右奥にゲートがあり、ここで所持品検査と身体検査がある。まずベルトコンベアーに鞄をのせて探知器にかける。人間は鉄の枠の中を通り抜ける。ここにも探知器が仕掛けてある。〝器物〟があるとブザーが鳴り、鞄を開けられ、内ポケットや胸のあたりをまさぐられる。以前はブザーが鳴らなくても触られたから、やや緩和されたようだ。

検査のゲートを抜けると「出発ホール」である。かつては免税品の酒類やカメラを売っていたところだが、いまはただの待合室で、国内各地の名産などが売られている。ここで出発便の案内があるまで待つ。

11時40分、「日本航空361便、12時10分発・福岡ゆきに御搭乗のお客様は……」のアナウンスにしたがって「バス出発ラウンジ」へ行く。改札口で搭乗券が半分ちぎられ、バスに乗る。バスは客が通路までいっぱいになると発車する。つぎの空いたバスに乗ろうという自由はゆるされない。係員が手ぎわよく押し込み、つぎつぎと発車させる。もっとも、立っても坐っても乗車時間はわずか二〜三分である。

広いスポットのなかを、満員バスはあてもなくさまようようにS字形に走り、そして停った。

眼の前にB.747LRの、カモメの化けもののような頭がある。こんな大きなものがよく空を飛べるものだと、いつもながら思う。しばらくのあいだわが命をお前に托す、よろしく頼む！との思いでタラップの階段を登る。

スチュワーデスの職業的微笑に迎えられて、うす暗い機内に入る。私の「12F」は、やはり胴体の中央、しかもトイレと機内食収蔵庫にはさまれた三人がけのまん中で、前後左右すべて視界を閉ざされた席であった。もっとも、いまや国内線はつねに満席で、「空席待ち」の客がカウンター前に待機するほどだから、席の良し悪しより乗れたことに感謝すべきなのかもしれない。

すぐ前の天井に「ベルト着用」と「禁煙」のランプがついている。前の席の背もたれに袋があり、いろいろなものが入っているので、いちおう全部取り出してみる。まず聴診器のようなイヤホーン、これを肘かけの穴に差しこんでセレクト・スイッチを入れると、音楽や落語が聴ける。酸素マスクの使用法などのパンフレットや航空路線図もある。嘔吐用のビニール袋も出てくる。以前は、気圧が下がってインクがこぼれるというので万年筆を入れる袋が備えてあったが、ボールペン時代になったからか気密装置がよくなったせいか、最近は見かけない。

この日航361便の発時刻は12時10分である。これは離陸の時刻ではなく、スポットからの出発時刻であるが、すでに定刻を五分過ぎたのにまだ動かない。滑走路があくのを待っているのであろう。

12時22分、ようやく機が動き始めた。あの鼓膜を刺すようなジェット・エンジンの音も、機内にはかすかに伝わってくるだけである。二本の通路のあちこちにスチュワーデスが救命衣をつけて立ち、アナウンスに合わせて酸素マスクの使い方を身振りで客に教示する。しかし乗客たちは関心を示さず、週刊誌などを読んでいる。

誘導路をゆっくりと走って、機は停止した。窓が遠くて外はよく見えないが、左窓に日が射しているからA滑走路の南端らしい。

12時29分、エンジンが全開した。みるみる速度を増す。航空機事故がもっとも発生しやすいのは離陸時である。ベテランのパイロットでも、このときだけは緊張するという。

突然、機首が上がり、乗客が仰向けになる。外から眺めていると機の後尾が滑走路にふれるかと思う、あの離陸の瞬間である。

離陸すると右旋回しながら高度を上げる。車輪を引込める感触がゴロゴロと床から伝わってくる。「禁煙」のランプは消えたが「ベルト着用」はついている。

上昇中は少し揺れたが、約一〇分で水平飛行に入ると微動もしなくなった。「ベルト着用」も消えた。気象状態がわるいと、着陸するまで消えないこともあるが、さいわい今日は晴れている。

12時57分、操縦席から機長の挨拶と案内がアナウンスされる。「ただいまの高度は一〇、五〇〇メートル、本日の偏西風は時速一三〇キロ、強い向い風のため本機は対地速度約八二〇キロで飛行しております。名古屋上空を一三時ちょうど、大阪上空を一三時一五分に通過しまして、福岡国際空港到着は一四時ちょうどを予定しております。本日の福岡地方の天気は晴れとのことでございます」

13時00分、スチュワーデスが名古屋上空通過をつげる。東京発11時00分の〈ひかり7号〉が名古屋に着く時刻である。おしぼりが配られ、紙コップのジュースがとどく。

13時25分、席を立って非常口の窓から下界を覗く。倉敷市が地図そのままに直下にある。

13時36分、はやくも下降しはじめた。まだ広島か岩国付近のはずである。

13時45分、車輪を出すと同時に速度がぐっと下がる。あの程度のものでも相当な風圧を受けるのであろう。

13時58分、福岡板付空港の滑走路にドスンと接地した。機は精一杯、エンジンを逆噴射させ、ブレーキをかける。

14時02分、ターミナルビルに主翼が接触するのではないかと思うほど接近して停止し、エンジンの音がやんだ。時刻表の着時刻は13時50分となっているから、すこし遅れたわけだが、〈ひかり7号〉ならば京都―新大阪間を走っている時刻である。

停止して一分もすると、扉が開く。すでに可動通路が接着している。なかなか手ぎわがよい。

到着ロビーには二台のベルトコンベアーが、遊園地の豆汽車の線路のように敷かれている。まもなく羽田で預けた荷物がその上を揺れながら出てくる。自分の荷物を見つけた乗客がそれを拾う。持主がトイレでも入ってしまったのか、荒巻き鮭が拾う人のないまま黒いカーテンの奥へ吸い込まれてゆく。

ターミナルビルからは博多駅への連絡バスが頻繁に出ている。車内には荷物置場がしつらえられており、空港バスらしい雰囲気がある。運賃は二〇〇円であった。テープから流れる博多案内を聴きながら、約一五分で博多駅に着いた。浜松町からここまでの所要時間は三時間五五分で、飛行時間の二倍以上かかっているが、それでもあっけない空旅であった。博多にきた！との実感が湧いてこない。

空港バスで博多駅に着いたのが14時30分であるから、いまから新幹線に乗れば今日中に東京に戻ることはできる。大急ぎで14時37分発に飛びこめば東京着22時08分、16

時24分発の東京ゆき最終でも23時20分には着ける。

しかし、それではあまりに味気ない。動物実験のようだ。

しかも博多—東京間における新幹線と飛行機の勝負はあきらかである。運賃は五〇〇〇円ほど新幹線のほうが安くなるが、これは乗ってみなくてもわかる。

私は博多発18時03分の寝台特急〈はやぶさ〉で帰る。口惜しいだろうが飛行機に寝台はない。しかも〈はやぶさ〉には食堂車も連結されている。

〈はやぶさ〉の指定券は「1号車13番A個」つまり個室寝台である。個室にしたのは二段ハネより快適だからだが、もうひとつ理由がある。博多—東京間を個室に乗ると、乗車券・特急券ともで二一六〇〇円、これに対し航空運賃はモノレール、バス代ともで二〇五三〇円、ほぼおなじになるから、運賃のことを考えに入れずに比較できる。

博多の駅ビルにはデパートや広い名店街があり、みやげ物などを買うにも便利だ。列車の待ち時間を退屈せずに過ごせる。その点は空港より楽しい。

17時50分、博多駅の四番線に西鹿児島始発の上り〈はやぶさ〉の入線を待つ。東京発11時00分の〈ひかり7号〉が17時56分に到着するので、遠くからでも敬意を表したいと思ったが、ここからは見えない。

一号車の停車するあたりに、車掌長が鞄を持って立っている。訊ねてみると、やはり博多で交替するのだそうだ。

18時01分、薄暮の線路を光らせて〈はやぶさ〉が入ってきた。ヘッドマークはついていなかった。

個室寝台は北側が通路で、櫛の歯形に一四の部屋が並んでいる。各室の窓ぎわに四〇センチぐらいの洗面器があり、蓋をするとテーブルになる。当然ながら室内の大半をベッド兼ソファーが占領しているので狭くるしい。しかし、とにかく個室であるから、いびき、歯ぎしりなどで自他ともにいいに悩まし悩まされることはない。

個室の寝台料金は一万円で、二段式B寝台より五五〇〇円高い。しかし、乗車券・特急券は同額だから、それらを加えれば博多―東京間の二段ハネが一六一〇〇円、個室が二一六〇〇円となって三対四の割合となる。これに対し一両あたりの収容力は二段ハネが三四名、個室が一四名だから、占有スペースから見ると個室が割安――と言ってわるければ二段ハネが割高になっている。

洗面器で顔を洗い、シャツを着換える。ついでにパンツもとりかえる。個室ならではである。窓の外を北九州の灯が通り過ぎて行く。

門司と下関では機関車をつけかえるので、ホームに降りて明りのともったテールマークを眺める。秋の夜の汐風が心地よくホームを渡る。

下関発19時21分。八号車の食堂車へ行く。二・三・四号車はほぼ満員だが、五・六・七号車は一人も乗っていない。広島からでも団体が乗るのだろう。

食堂車はガラあきで、食事時なのに数人しか客がいない。このところブルートレインによく乗るが、いつも空いている。数年前までは、寝台特急の食堂車は酒飲みたちで満員であった。それがいまや、このありさまである。わずかに車内販売の基地として余命を保っている。酒飲みのビジネスマンたちは飛行機に移ってしまったのだろうか。

午前七時、「皆さん、おはようございます。この列車はあと一時間ほどで静岡へ着きます」の車掌長のアナウンスで起こされる。個室の天井にもスピーカーがはめこまれているのだ。スピーカーの音量調節のツマミでもないかと探したが、さすが諸設備完備の個室でもそれはなかった。

通路に車内販売の声がする。扉を開けてみると、ワゴンを押しているのは、きのう食堂車で見かけたウェイトレスである。味噌汁つきの弁当を買う。

きょうも晴れで、富士山が全景を見せている。

コーヒーを飲みに食堂車へ行く。昨夜は客のいなかった五・六・七号車には高校生の団体が乗っていた。ブルートレインの客層も変わったのだ。

熱海から小田原への海岸線は、いつもながらすばらしい。東海道在来線の車窓の白眉だ。青い伊豆の海に初島が浮かび、ミカン山に朝日が映えている。

10時05分、横浜着。電車を待つ客が珍しそうに個室を覗く。この人たちが福岡へ行くときは何に乗るのだろうか。

定刻10時30分、〈はやぶさ〉は東京駅の一三番線ホームに静かに停車した。ジェット機の旅もあっけなかったが、飲んだり食ったり寝たりの旅も、あっけなかった。

第三章　鉄路を見つめて

最長片道切符の話

鉄道マニアと言われる人たちでも、近づいて、あるいはその中に身を置いて眺めると、いくつかの型がある。

いちばん多いのは「車両派」で、鉄道趣味雑誌のほとんどは、この派を対象として成り立っている。ブルートレインに集まる小学生などは車両派の卵で、底辺は広い。「模型派」というのもある。車両派の系列に入りそうだが、手先の器用さを必要とするからか、他の理由によるのか、本物の汽車には眼もくれず、部屋じゅうに線路を張りめぐらして、自分だけの小宇宙に閉じこもる。

それから「時刻表派」。時刻表ほど変りばえのしない月刊誌は他にあるまいと思われるが、毎月二〇日の発行日を待ちかねて購い、その夜は何時間も読みふける。

このほかに、廃線跡を歩いたり、古い文献を博捜したりする「歴史派」、汽車の部品や切符などを集める「蒐集派」もあるが、これはヨコ割りの分類であろう。

私が所属するのは時刻表派で、それに歴史派の要素が加わるが、その他の派とは無縁で、デゴイチ（D51）と貴婦人（C57）との区別もつかない。

時刻表派といっても、これまた内側から見るといろいろで、駅名を組み合せてパズルをつくる、鈍行に追い抜かれる急行を探す、稚内から鹿児島までの全駅名を暗誦する、といった好事家もいれば、通用期間二〇日の北海道周遊券を最大限に活用してみようと夜行列車で行きつ戻りつしながら一九回も車中泊し、一万九千円の周遊券で三一万円分乗ったと喜ぶ実行型もいる。

大別すれば机上型と行動型、理屈っぽいのと不言実行タイプ、もちろん口八丁手八丁もいて、これはもうどの世界でも同じということになるが、そんななかで私が敬服と同情に堪えないのは、高齢、病弱などのために「実行」できず「机上」に甘んじている人たちである。

私は昨年、国鉄の全線を乗り終えたのを機に『時刻表2万キロ』(河出書房新社刊)という旅行記を書いた。奥付に住所を記しておいたことと、誰もが指摘したくなるような誤植が散見したこともあって、読者からじつにたくさんの手紙を頂戴したが、その半数はこの方々からであった。自分は旅行したくてもできない体である、せめても と地図と時刻表と虫メガネとで机上旅行をするほかない、という手紙に私は胸を打たれた。しかも、自分に代って汽車に乗れ、旅行記を書け、と言ってくれる人も多かった。

こうなると感動だけでなく、うまい話にもなってくるわけで、私が旅行記を書きつづける気持になったのは、もとより自分の個人的な欲望からではあるけれど、この人たちの「旅行代理業者」でありたいとの意識が強くはたらいたことも事実である。

ところで私は昨年六月、二七年間勤めた会社をやめ、とりあえずの暇ができたので、この機会に思う存分汽車に乗ってみようと思った。私の旅行は時刻表を頼りにひたすら汽車に乗るのが目的であるから、さっそく時刻表相手に計画をたてようとした。

ところが、どうも勝手がちがうのである。それまでの旅行は金曜日の夜行で出発という型が多く、これなら百戦錬磨で手慣れているのだが、好きなときに出かけ、好きなときに帰ってもよいとなると、自由がありすぎて時刻表との相談がうまくかみ合わないのである。

時刻表派としては、これでは困るので、私は自由を分相応のところまで狭めることにし、稚内を起点として鹿児島県の枕崎を目指しながら分岐駅ではかならず乗り換える、などと、あれこれ制約を加えた計画を練ってみたが、同じところをぐるぐる回ったり、稚内へ戻ってしまったりしてうまくいかず、けっきょく「最長片道切符の旅」に落ちついた。同じ駅を二度通りさえしなければ、どんなに遠回りであっても片道切符になるわけで、それの最長のものを算出して実際に乗ってみることにしたのである。

最長片道切符は私の創案でもなんでもなく、鉄道ファンが「一筆書き切符」と呼んでいるもので、たくさんの人が案をつくり何人かの人が実際に乗っている。しかも、新線が開通すると最長ルートが変るので、ファンにとっては永遠の課題のようになっており、その方面の権威者もいる。

しかし私は、まず自分で最長ルートを探ってみようと思い、計算をはじめた。つい「正解」の載っている本を見たくなるので、そのページを糊で貼りつけ、毎日電卓を叩いていた。けれども国鉄の線路図は相当に入り組んでいる。単位となる区間は三〇〇もあり、その組み合せだから大変である。また、国鉄には「旅客営業規則」という部厚いものがあって、これの条文解釈いかんによってはルートが若干変る個所もあり、その方の「勉強」もせねばならず、一ヵ月たっても自信のもてる案はできなかった。

どっちみち遊びであるから、それなりに面白かったが、私とて女房子供がおり、いつまでそうしてもいられないので、「正解」を見、また権威者の教えも乞うてから、切符を買った。切符は注文してから四日かかった。通用期間は六八日、六万五千円であった。

昨年一〇月一三日金曜日に北海道の広尾を出発し、途中何回か所用のために旅行を中断して東京に戻り、あるいは風邪で寝こんだりしながら乗り継ぎ、一二月二〇日に枕崎に着いた。一万三千キロも乗ったのだから、大いに堪能しなければならないのだが、まだ乗りたりない気がした。

旅行が終ると、書くという作業が待っていた。自分の好きなことをしただけでなく、その記録を書物の形にまとめることができるとは、幸福きわまることではあるけれど、楽あれば苦あり、乗るのと書くのとでは大違いであった。一日の行程を書くのに二日はかかった。遅々としながら書き進むうちに私は、『最長片道切符の旅』（一〇月、新潮社刊）が思いのほか大旅行であったことに気づいた。

時刻表症候群

鉄道を舞台にした推理小説は数多い。各種の交通機関のうち、推理小説とのかかわりの深さにおいては鉄道が群を抜いている。

なぜ鉄道なのかと考えると、どうやら「レール」という窮屈なものが推理作家の想像力を刺激するらしい。そのあたりに「鉄道」ならではの魅力があると思うが、東西の鉄道推理小説を読んでいると、欧米と日本とではトリックの設定がちがうことに気づく。

これについては英文学者の小池滋さんが『世界鉄道推理傑作選1』（講談社文庫、昭和五四年四月刊）の「解説」で明快に分類している。欧米のそれは「密室」、つまりコンパートメントであり、日本のは「時刻表」だというのである。なるほど、クリスティの『オリエント急行殺人事件』は密室殺人の謎解きであり、松本清張の『点と線』は時刻表がトリックにつかわれている。

そのことは欧米の鉄道に乗ってみると実感できる。近年とみに日本式のオープンフロアの車両が増えてきたが、まだまだコンパートメントが主力で、見ず知らずの相手と二人きりだったりすると、お互いに気味がわるい。そして、運転時刻は正確でない。これにたいし、日本の鉄道の時刻は正確無比で、新幹線がちょっと遅れれば新聞記事になる。

列車が時刻表どおりに正確に走っている――。この信頼があってこそ、推理小説のトリックにもつかわれ、私たち時刻表ファンを楽しませてくれるのであろう。タルミ国鉄などと言われ、国鉄の評判はわるいが、この点は大いに誇ってよいと思う。

けれども、なぜ日本の鉄道の時刻が正確なのかを考察すると、誇ってばかりもいられない。時刻が正確なのは国民性によるのではなくて、正確に運転しなければ渋滞や混乱をおこすほどたくさんの列車が一本の線路の上にひしめいている線区や区間が多いからである。

ところが、それゆえに時刻表がおもしろい。鈍行を急行が抜く、その急行を特急が抜く。それが頻繁におこなわれる。幹線でありながら単線の線区ともなれば、もっと大変だ。まだまだいろいろある。

新幹線が三本になって、平行する在来線はゆとりができてきたが、他の幹線系線区は相変らずである。

少ない線路と多い列車。さまざまな地元の要求はあるし、車両を効率よく使用せねばならぬし、人員配置の問題もある。そこをやりくりして「列車ダイヤ」が作成される。タテ軸に距離、ヨコ軸に時間を刻み、それに上り下りの列車のスジを引いた図表である。「時刻表」は、この「列車ダイヤ」のうちから旅客に必要なものだけを抽出し、見やすい形にしたものだ。

見やすい形、つまり、列車のスジを数字に置きかえるという表現の転換によって、下りと上りの列車を別々のページに掲載せざるをえなくなり、また、特急に追い抜かれた鈍行列車が、いつまでも特急の前に居座って時刻の前後関係を混乱させるなどの問題が生じて、表現としては改悪なのだが、一般の利用者にナマの「列車ダイヤ」を提示しても使いにくい。「時刻表」の形にするのは、やむをえないだろう。

この「列車ダイヤ」と「時刻表」の関係を象徴するエピソードが日本の鉄道の草創期にある。有名な話ではあるが、紹介させていただく。

日本の鉄道の創設史話はイギリス人の活躍と暗躍を記さずには成り立たないが、W・F・ページもその一人であった。

ページは東海道線の運転計画を一人で担当し、鉄道庁長官を上回る給料をもらっていた人物だが、その作業は鍵をかけた自室でおこなわれた。彼が日本人に示すのは、A列車の甲駅発は何時何分という「時刻表」の形式であった。

それを見るたびに日本の鉄道人は感服した。列車の行きちがい、急行の鈍行追い抜きなどが見事に処理されていたからである。

なんたる頭脳の持主か、人間業とは思えないと一同はページを畏敬していたが、やがて謎の解けるときがきた。彼は、密かに「列車ダイヤ」を作成しそれを「時刻表」の形式で日本人に渡していたのであった。

私は明治二二年の東海道線の復刻版時刻表をもとにして、方眼紙に列車のスジを引き、「ダイヤ」を復原してみたことがある。貨物列車の時刻がわからないので不十分ではあるが、ごく単純明快なもので赤子の手をねじるようなダイヤであった。

その程度の列車ダイヤに感服した日本の鉄道人が、百年を経ずして世界の鉄道界の最先端に立つことになった。列車ダイヤも「魔術」「軽業」と評されるほど複雑怪奇なものになった。そして今日、陸上輸送の王者としての鉄道の時代は終り、限定された役割を担うことになったが、省力化やキメのこまかいサービスなど新たな要請が加わって、列車ダイヤ作成者、通称「スジヤ」さんの苦労は変らない。

その苦労の一部は時刻表から読みとれる。

時刻表の楽しみかたは、机上旅行をはじめとしていろいろあり、人それぞれでよいことだが、その元になる列車ダイヤ作成の苦心をしのび、さらにはダイヤの拠って立つ基盤、つまり社会、経済、流通万般、あるいは国鉄の赤字問題その他へと遡っていくあたりに、時刻表ならではのおもしろさがあると私は思っている。

ところで、この稿を書いている私の立場であるがもとより時刻表の一愛読者にすぎない。すでに五〇年も時刻表とつき合っているから、座右の書どころか身体の一部になっているが、あくまでも受け手の側である。分は心得ねばならない。

時刻表の舞台裏、すなわち列車ダイヤ作成の苦心については当事者の書いた本が何冊かある。これを読むと時刻表を見る眼が深まり、楽しみが増す。一読をおすすめしたい。

当事者と読者の中間にある時刻表編集者の書いたものもある。これもおすすめする。

ただし、列車ダイヤそのものを見るのは、どうしたものかと思っている。入手したこともあるが、手品の種明かしをされたようで、時刻表を読む楽しみが消滅するおそれがある。

で、あくまでも時刻表の読者、観客、いや病人と言ったほうが適切な立場から、わが病状について開陳することにする。同病相憐れめば孤独感から脱出する一助にもなろうかと、そう考えるからである。

さまざまな症候があるが、驚くべきことに、そのほとんどが少年時代に発生している。正に宿痾だ。

小学五年のとき、列車ダイヤが無性に欲しくなった。たまたま身近なところに国鉄関係者がいたので頼んでみたが、断わられた。ダイヤには軍用列車のスジなども入っていたはずだから極秘だったのだろう。

しかたがないので、方眼紙を買ってきて横に長く貼り合せ、タテ軸は一ミリを一キロ、ヨコ軸は一ミリを一分として、東京―沼津間の全列車のスジを引いた。分度器でスジの傾斜をはかれば表定速度がわかるので、書きながら一人で悦に入っていた。もっとも、憧れの超特急「つばめ」のスジを最初に引いたのは失敗だった。横浜発の9時27分と沼津着の10時56分とを一直線に結び、沼津まで停らないとはスゴイなあと眺め、あとから鈍行列車を入れたところ、小田原と早川のあいだで「つばめ」のスジと交差してしまった。追突である。小田原までの相模平野と、その先の海岸沿いとでは速度がちがうのだなと気づき、小田原で鈍行を抜くように修正した。

いまでも、ときどき自作のダイヤグラムをつくっている。最近は鉄道雑誌などに一時間目盛の大ざっぱなものながら列車ダイヤが載っていて、平和な時代になったと思うが、自分でつくる楽しみは別のものである。

ダイヤを書くぐらいだから、旅行に出かければ、すれちがい、待避、通過時分、速度などが気になる。時刻表を開いてあれこれ照合し、暗算をし、あと三〇秒ないし一分以内に上りの特急とすれちがうはずだぞと待機している、はたせるかな右側の窓をかすめる。こういうときは非常に気分がよい。それができるのも運転時刻が正確なおかげだ。外国の鉄道ファンには、この楽しみはないだろう。

東海道本線の全駅名を暗誦して学芸会でやったことがある。練習を積んだので四〇秒そこそこで神戸に着いた。いまでも全部言えるが、新駅の設置、改名、列車駅への昇格などがあって、昔のようにスラスラとはいかない。とくに豊橋―名古屋間、草津―神戸間が難所で、この区間にさしかかると速度が落ちる。

数年前、ラジオの番組でやらされる破目になったことがある。無事に神戸にたどり着いたが、司会者の計時によると一分一〇秒であった。駅数が増えたとはいえ大幅なスピード・ダウンである。トレーニングに励んで、せめて一分を切らねばと思っている。

この駅名暗誦は同志が多いようだ。丹那トンネル開通以前の世代は、つい「国府津、下曾我、松田、山北」と御殿場線に入ってしまうという。

つぎは「自転車ダイヤ」。

自分だけの密かな楽しみだからと、ひとには話さなかったのだが、鉄道ジャーナル社の竹島紀元さんと酒を酌んだとき、ふと自転車ダイヤの話が出て、私だけではなかったのかと安堵した。竹島さんも子どものころ、それをやっていたというのである。「自転車ダイヤ」という用語はないが、要するに自転車を列車に擬し、時刻表を作成して、そのとおりに走るわけだ。

起点と終点は自宅の門、途中駅は電信柱、ポスト、ゴミ箱などである。もちろん鈍行から特急まで揃えた。運転時間が短いので「橋本さん前15時38分08秒着、同発18秒……」と秒単位にし、その時刻表を左手に持ち、父親の古い腕時計をハンドルに巻いた。

ローカル線に見立てた路地の奥で折り返しの発車時刻を待っていると、胡散臭い子どもだという眼つきで見られたりしたが、そんな遊びであった。同好の士がたくさんいて、抜きつ抜かれつでやったら、さぞおもしろかったろうが、この遊び相手はいなかった。

いまは、もうやらないが、やはり習性になっていて、自宅から駅へ向いながら、あの角を曲るのは何分何秒と、歩行用ダイヤを設定することがある。電信柱で停車したりはしないが。

昭和二六年三月、私はサラリーマンになった。新入社員は私一人で、はじめの数日は話し相手もなく、五時の退勤時間が待遠しかった。

それを紛らすために私は「つばめ」の時刻を思い浮かべることにした。当時の「つばめ」は東京発9時00分、大阪着が17時00分であった。11時32分、いま静岡を通過した、もうじき昼休だ、食堂車へ行くか、名古屋着14時01分、あと三時間。15時23分に米原を発車すると希望の明りが見えてくる……。

原稿を書くときも枚数を駅に見立ててダイヤを設定する。この稿は「あさかぜ4号」で、昨夜から個室におさまって書いている。東京着9時30分が出来上りの時刻だが、このほうはつねに遅れ気味で、すでに正午を過ぎたが、まだ終点に着かない。

時刻表の愛読者にとって、ダイヤ改正は楽しみなものである。とくに全面的に時刻が変る「白紙改正」が迫ると、時刻表の発売日が待遠しくてたまらなくなる。

私はよい時代に生れたものだと思う。時刻表の存在を知って、まもなく丹那トンネルが開通し、あの戦時中でさえ関門トンネル開通による画期的な改正があり、戦後は、言うまでもなく新しい列車の登場やスピード・アップがあいつぎ、ダイヤ改正ごとに時刻表が賑やかになっていった。ビジネス特急「こだま」が登場した昭和三三年一〇月号、全国にディーゼル特急が走りはじめた三六年一〇月号、東海道新幹線開通の三九年一〇月号、東北本線の電化複線が完成した四三年一〇月号などは、とくに待遠しかった。

それにくらべると、近年のダイヤ改正は淋しい。鉄道ファンにとって楽しい列車がつぎつぎに姿を消し、改正のたびに時刻表の誌面が味気なくなっていく。いまの若い人は気の毒だと思う。

とはいえ、まだまだ楽しみがある。来年の三月には東北新幹線の上野駅開業にともなうスピード・アップがあり、その先には青函トンネルや四国への鉄道併用橋の開通がある。待遠しい。

けれども、限りある命なのに年月の経過の早からんことを願うとは！　早く死にたがっているのと同然ではないか。

それで、待つのはやめにし、未来の時刻表にお出まし願うことにした。

ここに掲げたのは、私がつくった智頭《ちず》線の時刻表である。

智頭線は山陽本線の上郡《かみごおり》と因美線の智頭とを結ぼうとする線で、これが完成すると、やや陸の孤島の観を呈しはじめた鳥取県への時間が大幅に短縮されるのだが、不幸な

宮脇俊三作
国鉄非監修

上郡――佐用――大原町――智頭（智頭《ちず》線・下り）

全線運休中
開通見込不明

営業キロ	列車番号	621D	623D	625D	51D		53D		627D	629D	55D		57D		631D	633D	59D		635D	列車番号
	前の掲載ページ				83		84				85		86				87			前の掲載ページ
	始発				新大阪 752		新大阪 922				大阪 1230		大阪 1430				大阪 1730			始発
0.0	上郡発	610	730	909	940		1108		1125	1310	1413		1608		1626	1750	1910		1920	かみごおり
5.0	苔縄〃	616	738	915	レ	い	レ	い	1131	1316	レ	い	レ	い	1632	1756	レ	い	1926	こけなわ
7.5	河野原〃	620	742	919	レ	1な	レ	3な	1135	1320	レ	5な	レ	7な	1636	1800	レ	9な	1930	こうのはら
12.6	久崎〃	626	748	931	レ	号ば	レ	号ば	1141	1327	レ	号ば	レ	号ば	1644	1806	レ	号ば	1936	くざき
18.0	佐用〃	633	755	938	956		レ		1149	1335	レ		レ		1651	1820	1925		1943	さよ
23.3	平福〃	639	801	944	レ		レ		1159	1345	レ		レ		1702	1835	レ		1950	ひらふく
27.9	下石井〃	647	809	952	レ		レ		1207	1353	レ		レ		1710	1843	レ		1958	しもいしい
33.9	大原町〃	657	819	1032	レ		レ		1217	1406	1443		レ		1720	1853	1941		2009	おおはらちょう
38.2	西粟倉〃	707	829	1042	レ		レ		1227	1415	レ		レ		1730	1903	レ		2019	にしあわくら
41.4	影石〃	715	837	1050	レ		レ		1235	1423	レ		レ		1738	1911	レ		2027	かげいし
48.1	山郷〃	723	845	1058	レ	自	レ	自	1243	1431	レ	自	レ	自	1746	1919	レ	自	2035	やまさと
50.9	因幡山形〃	727	856	1102	レ	3両	レ	3両	1247	1435	レ	3両	レ	3両	1750	1923	レ	3両	2039	いなばやまがた
57.0	智頭着	734	903	1109	1044		1206		1254	1442	1512		1708		1757	1930	2009		2046	ちず
88.9	鳥取着	835	950	1235	1117		1240				1547		1742		1902		2046			
	終着						米子 1420				倉吉 1628		米子 1920				米子 2220			終着
	次の掲載ページ	154	154	154	154		151				154		154				155			次の掲載ページ

ことに、完成の一歩手前で工事が中止されてしまった。待ちきれないので、私は智頭線に沿って車で走り、高架橋の上を歩いてみた。そして、鉄道建設公団から駅の配線図や運転速度の資料を頂戴し、それをもとにして方眼紙にスジを引いた。高校のある駅、始業時間なども勘案したつもりである。

これで私のなかの智頭線は開業した。

ご笑覧いただきたい。

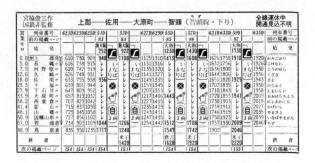

時刻表を読む楽しみ

これほど変わりばえのしない月刊誌は他に例がないと思う。けれども、これを毎月あるいは一月おきに購入して「愛読」する人が何万といるらしい。とくに旅行のあてがなくても、時刻表を開いて読みふけるのである。

私もその一人であって、古今東西の万巻の書のなかから、たった一冊だけ選ぶならば「時刻表」になるだろう。

なんだ、お前の教養度はその程度か、と言われそうで悔しいから、別の一冊を引き合いに出すと、「時刻表」が手に入らなければ司馬遷の『史記』にするか、というくらいの水準でおもしろいのである。

名著とは、浅く読んでも深く読んでも、人さまざまな視点から読んでも、それなりにおもしろい本を指す、と私は定義している。また、微細な各論を坦々と並列または積み重ねるだけで、いつのまにか読者に巨大な像を結ばせるような書物こそ、読みごたえがあると思っている。総論や結論は立派でも各論の薄弱な本は読んでも血や肉にならない。その意味で「時刻表」は汲めども尽きぬ興趣にあふれた読みごたえのある本、と言えるのではないか。

たとえば、主要な幹線や大都市近郊のページを開いてみる。特急、急行、快速、鈍行などがひしめき合い、抜きつ抜かれつで走っている。一本の線路を奪い合い、ゆずり合いながら、多数の列車が、なんとかやりくりをつけている。苦しまぎれに鈍行が急行を抜くという珍現象もあり、推理小説の材料を提供する。

また、グリーン車を連結した急行が上野駅に到着し、折り返して通勤列車に化けるような場合、グリーン車が定期券客に開放される。合法的にグリーン車にタダ乗りできるのである。そのような説明が時刻表に記されているわけではないが、到着時刻や番線を照合していけば容易に見つけることができる。これも、列車のやりくりのひとつである。

どうして、そんな芸のこまかいことをやるのかというと、線路が不足しているからで、急行用車両を回送する余裕がないのだ。

主要路線や大都市近郊における線路不足と、それにともなう過密ダイヤぶりは世界に類がない。諸外国では西ドイツの鉄道の運転密度がもっとも高いが、日本の国鉄は、その二倍もの列車を走らせているのである。

これは日本の住宅事情によく似ている。似ているというより、おなじ事情からきている。しかも、安い土地を求めて遠距離通勤者が増加すれば、一本の線路にギリギリいっぱいの列車を走らせて運ばなければならない。列車ダイヤ作成者の苦心の存するところであり、さらに最近は経費節減のため、車両運用や乗務員の勤務時間などへの配慮も強まっているという。

以上は「時刻表」が表現している事柄の一例にすぎない。日本社会の流通万般にかかわり、変化に対応しながら、線路不足をはじめとする悪条件と格闘しているのが日本の鉄道であり、「時刻表」を眺めていると、その苦闘のありさまが伝わってくる。

しかも、「時刻表」は、その苦労について、ひとことも語ろうとしない。弁解もしない。数字と駅名を羅列するだけである。なんと奥ゆかしい書物ではないか。

汽車に乗っていて、いつも不思議に思うのは、乗客が車窓風景にあまり関心を示さないことである。観光旅行と思われるグループでも「あと何時間で着くの?」とたずねながらトランプなどに余念がない。

交通機関は目的地へ人や物を運ぶための手段であるから、手段に要する時間は短いほどよいにはちがいないが、それは通勤通学や貨物輸送の場合であって、楽しみのための旅行まで手段の域にとどめて、なくもがなの無駄な時間として扱うのはもったいない気がする。

私は時刻表の愛読者であり、それがこうじて国鉄全線に乗ってしまったような人間であるから、旅行についての考え方は相当に偏しているだろうとは思っている。けれども、たとえば名古屋から高山まで特急なら三時間の車窓風景に眼をつぶるのは、いかにも惜しい。

高山はそれのみを目的として訪れるに価する町ではある。しかし、美濃から飛驒へかけての車窓には、斎藤道三の稲葉城、一人前の証左である「うだつ」を屋根に上げた古い商家、中山七里の峡谷美などが展開し、それらの総和は高山の魅力を超えているように思われる。わずかな予備知識があれば三時間が短く感じられるほど旅情にあふれた道行きとなる区間である。特急は窓が開かないから駅弁が買えない、旅情がなくなった、と嘆く人は多く、私も味気ないことと思っているけれど、窓から外が見えるかぎり、旅情のあるなしは主として受け手の側の問題ではないだろうか。

旅行雑誌は近年とみに懇切丁寧になった。飲食店や土産物屋の所在をくわしく書きこんだ色刷りの地図が挿入され、各地の情報なども詳細で、実用性の高いものとなってきた。

けれども、提供されるのはつねに目的地、つまり「旅先」の情報であって、道行きについての案内はほとんどない。点だけで線がないのである。点について知ろうとするには重宝なのだが、線にこそ旅を感じる者にとっては物足りない。「奥の細道」までさかのぼらずとも旅の本質は道程にある。津軽海峡を渡らなくては北海道はわからない、と私は思っている。

そのような自己流の観点から旅行雑誌の目次を眺めて気づくのは、『旅』を除いては署名原稿がきわめて少ないことである。署名はあってもガイド記事の著者名を明らかにしたにすぎないものが多く、紀行文といえるものは見当たらない。

若い女性を対象にした『るるぶ』『旅にでようよ』となると判型も大きく、豊富なカラー写真に重点がおかれていて、見事な紅葉などが現れ、思わずページをくる手を止めさせる臨場感があり、原寸に近い郷土料理の写真には食欲をそそられる。華やかで楽しく、注文をつけることはないような気もするけれど、これが旅かと自問すれば、ちがうなあと答えざるをえない。

この二誌よりひと回り小さい週刊誌判の『旅行読売』『旅の手帖』『旅行ホリデー』は詳細な紹介記事に重点がおかれており、雑誌らしい記述にはガイドブックとはちがった面白さがあって、これまたそれなりによろしいのだが、「点」の域にとどまっていることに変わりはない。

総じて現在の旅行雑誌は、写真集とガイドブックの中間に位置しているようで、特色を強く打ち出してどちらかに片寄れば雑誌である必要がなくなってしまいそうに見える。

聞けば、旅行雑誌のなかでもっとも発行部数が多いのは『旅』であるという。昔にくらべればカラー写真や実用記事が格段に増えてはいるが、紀行文に重きをおく編集の伝統は変わっていない。このことは、旅行雑誌ではないが、『婦人公論』が婦人向け実用誌の部数減とファッション誌の停滞状況のなかにあって、手記を中心に女の生き方をしつこくとりあげ、ひとり部数を伸ばしているのに共通している面があるかに私には思われる。

列車の愛称についての雑感

昭和五六年（一九八一）一〇月三〇日の朝日新聞の朝刊第一面に、つぎのような記事がのっている。私の名も出てくるので、おこがましい気がするが、列車愛称史の一つの記録として面白いので引用したい。（一部削除）

東北新幹線の列車名は「やまびこ」と「あおば」、上越新幹線は「あさひ」と「とき」――国鉄は二九日、「東北・上越新幹線列車名選考委員会」を開き、一般公募の結果を参考に、両新幹線の「ひかり型」「こだま型」それぞれの列車名四つを決めた。

応募総数は約一四万九〇〇〇通で、あげられた列車名は一万一五〇〇種類。応募が多かったのは、東北が「みちのく」「あおば」「はやて」「いなづま」「やまびこ」「ひびき」「つばさ」「流星」「あさひ」「きたぐに」などの順。上越用は「とき」「雪国」「いなづま」「こしじ」「えちご」「はやて」「ひびき」「やまびこ」「ふぶき」「さど」などの順。中には「こしひかり」「角栄」などもあった。

選考は、馬渡国鉄副総裁を委員長に、作家の佐藤愛子、宮脇俊三氏、国鉄幹部らで行われた。東北用で一位の「みちのく」は青森方面へのイメージが強いため、当面、盛岡までの新幹線にはなじまないとの結論。これに対し「やまびこ」は現在の上野―盛岡間特急として親しまれ、「あおば」は明るく東北らしいイメージが決め手となった。

一方、上越用では、「こしじ」「えちご」も有力だったが、「こしじ」はひらがなだと印象が弱く、「えちご」は新潟地方では「いちご」と発音する人が多いことが難点。二位の「雪国」はひらがなに替えても冬のイメージが強すぎると判断された。これに対して「あさひ」は上越用としての応募は一八位だったものの、東北用も合わせれば上位になり、のぼる太陽の明るくて新鮮なイメージで好評。「とき」は現在の上野―新潟間特急で親しみやすい点で選定の理由となった。

この選考委員会から一五年もたったので、内情を明らかにしてもよいと思うが、東北新幹線の「やまびこ」と「あおば」がすんなり決まったのにたいし、上越新幹線は難航した。一位の「とき」が当時の特急として親しまれてはいたが、絶滅寸前の鳥名を「ひかり型」に付すのはどうか、ということで「こだま型」に格下げした。

二位の「雪国」が「ひかり型」になりかけたが、私は「雪国の人にとって雪は迷惑なものです。スキー列車ならばよいが、新幹線にはふさわしくない」と反対した。「つばめ」はどうか、との案が出た。当時、この栄光ある愛称を付した列車はなかった。これはいい、雪国の暗いイメージが払拭できるしスピード感もあると「つばめ」に決まりかけたが、旅客局長の須田寛さんが、念のためと新潟管理局に電話をすると、「ツバメは新潟までは来ませんね」との返事。南からの渡り鳥の北限について思いがけぬ勉強をした。

もう知恵も出なくなり、時間切れも迫って「あさひ」に決まった。これは、昇る朝日のイメージではなくて新潟・山形両県にまたがる朝日山地を意識した地域名だが、上越新幹線の「ひかり型」にピッタリしない出来のわるい愛称である。いまでも「あさひ」に乗ると忸怩たるものがある。

そんな経験もあって、列車の愛称をつけるのも大変なんだなあと、当事者に同情するようになり、気に入らない愛称でも、とやかく言う気はなくなった。「踊り子」という背筋がムズがゆくなるようなものでも、伊豆へのリゾート特急としてのイメージがはっきりしているし、女性の人気もあるので、それでよいのかと思うようになっている。

　ところで、来年度には北陸新幹線が長野まで開業する。愛称の最有力は「あさま」だろう。しかし、浅間山は暴虐な活火山で、天明三年（一七八三）の大爆発では熔岩が北麓の村落を埋め、一四〇〇人もの死者を出している。現在でも噴煙を上げ、火山性地震を起こし、いつ何をしでかすかわからない山だ。

　在来線の特急「あさま」が親しまれてきたとはいえ、新幹線の愛称にしてよいかどうか、一考してもよいのではないだろうか。

　いまはないが、東京―長崎間の急行で「雲仙」というのがあった。もし存続していたならば普賢岳の災害を受けている島原の人たちにとって快くない愛称だろう。改称を余儀なくされたかもしれない。

　すこしく神経質にすぎる感想ではある。それに、「富士」はよいのかと問われれば困る。あれは休火山で日本のシンボルでもありますし、と苦しい答弁をして退席することにするが、あらずもがなの愛称にしても厄介なことではある。

夜行列車との六〇年

はじめて夜行列車に乗ったのは丹那トンネル開通の三ヵ月後の昭和九年三月、私が小学二年生の春休みだった。姉（小学六年）と私は母につれられて両親の故郷の香川県へ行くことになった。

私たちが乗ったのは東京発午後9時00分の急行下関行の二等寝台。編成の大半が三等座席車だった時代では、ぜいたくきわまる旅であった。白衣のボーイがいて、母がチップを渡していたのを覚えている。姉と私は下段寝台で脚を重ね合わせて寝た。

夜が明けると寝台が解体され、上段が天井となり、下段が座席に変わる。なんと素晴らしい設計かと感心した。窓枠やシートの上に積った石炭の燃え滓《かす》をボーイが布で拭き、ブラシで払った。洗面所で顔を洗うと手拭いが黒くなり、鼻の穴は真っ黒であった。

下車駅の岡山が近づくと、ボーイが客の靴を磨き、服にブラシをかけてくれる。私は面映《おもは》ゆくて、いたたまれなかった。

岡山には定刻の午前10時56分に着いた。ホームの時計の二本の針が重なるように接近した形が鮮やかに記憶に残っている。よほど四国への汽車旅が嬉しかったのだろう。いまでも10時56分の時計の針を見ると六〇年前の岡山駅を思い出す。

その後も毎年、香川県へ行ったし、父と上野から信越・北陸回り大阪行の二等寝台車で黒部峡谷へ行ったこともある。また修学旅行や友だちとの山岳行で幾度も夜行列車に乗った。もちろん三等の座席車だった。汽車に乗りたくて一人で車中泊の旅もした。

やがて戦争に突入し、のん気な旅行など、してはならぬ時代になった。しかも父の羽振りが悪くなり、ぜいたくな二等寝台車の旅は昔の夢になった。戦局が悪化してからは、特急、寝台車、食堂車は廃止され、列車本数は削減、長距離の乗車券は入手困難になった。

それからは悪夢の時代である。けれども私は昭和一九年の三月に九州へ行った。埼玉県の農村での農地改良の勤労奉仕が終わり、つぎは軍需工場への動員、というわずかな谷間の余暇だった。

私は昭和一七年一一月に開通した関門海底トンネルを通ってみたくてたまらなかった。海の下を汽車が走るという体験をせずには死ねない気持だった。「死ねない」とは、大げさに聞こえるかもしれないが、あの頃の日本人は死の予感のなかで生きていた。

九州往復の乗車券は鉄道省の役人だった義兄に頼んで入手した。

この旅行では夜行列車に四回乗った。①東京—小郡、②門司港—熊本、③小倉—岡山（高松往復）、④岡山—東京であった。このうち、①と②は坐れたが③と④は立ちんぼで、とくに③の小倉—岡山は車内に入るのがやっと、というほどの超満員だった。

旅行の途中から私の腹ぐあいが変になった。食料不足で駅弁などが買えない時代だったから、梅干し入りの焼きおにぎりをリュックに詰めてきたのだが、食べても吐いてしまうのであった。

東京にたどり着いた私は盲腸炎にかかっていた。すぐ手術を受けたが、やや手後れで腹膜炎を併発していた。抗生物質のない時代だから生死の境をさまよったが、運よく生きのびた。

昭和二〇年、私の一家のうち母や姉たちは新潟県北部の村上へ疎開し、父は東京にとどまった。私は連絡係として上野—村上間を何回か行き来した。

戦争の末期には敵の空母艦隊が日本の近海に接近し、艦載機が列車を銃撃したりしていた。昼間の列車は危険なので、夜行列車は混雑をきわめ、便所にまで客が立つありさまだった。男は停車駅で窓からホームに出て立小便をしたが、女性の客は気の毒だった。

敗戦後は空襲の不安はなくなったが、列車の混雑は、さらにひどくなった。石炭不足で列車本数が大幅に削減されたからだが、敗戦がもたらした無秩序がそれに輪をかけた。私の鉄道旅行歴のなかで、昭和二〇年の末から二三年にかけてがいちばん混雑がひどかったと思う。乗車券なしで乗った客が、「戦争に負けたのにツベコベ言うな」と車掌にからんでいたのを思い出す。

そんな時代だったが、私はアルバイトで稼いだカネで汽車に乗っていた。

そのうちの一例。昭和二三年の六月頃だったと思うが、青森県出身の友だちと上野発8時15分の朝の青森行の鈍行列車に乗った。これが翌朝に古間木《ふるまき》（現在の三沢）に着くのである。上野から約一〇時間は通路にリュックを置いて腰を下ろし、仙台で坐れた。深夜の黒沢尻（現在の北上）を過ぎると車掌が「このあたりは集団列車強盗が出ますので注意してください」と言った。刃物を持った連中が乗りこんできて、客の荷物を奪う事件が頻発しているという。車内に緊張がみなぎったが無事に夜が明けた。

友だちの故郷のカヤ葺きの農家に泊り、密造のドブロクを飲むなどして、帰途もまた長時間の夜行列車。その車中、体が痒くてたまらなかった。シラミにとりつかれたのである。汽車好きの私も、一刻も早くわが家へ帰りたいと願った。ノミ・シラミと蒸気機関車の煤煙、超満員で駅弁もなし、というのが当時の鉄道旅行だった。

あの頃の写真を撮っておけばよかったと思う。けれども、戦争の末期はフィルムの入手は至難だったし、戦後はカメラを古道具屋に売って旅費に替えてしまった。

敗戦前後の暗い谷間を抜けてからの日本の復興、とくに鉄道の復興ぶりは目ざましかった。昭和二四年から特急、寝台車、食堂車が復活しはじめ、翌二五年には〈つばめ〉が東京―大阪八時間の戦前の水準に戻った。

敗戦当時は、これからの日本はどうなることやらと暗澹たる気持だったが、意外に早く楽しい旅行のできる時代がやってきた。朝鮮戦争による特需景気という隣国の不幸が幸いしたことを忘れてはならぬだろう。

「もはや戦後ではない」と言われたのは昭和三〇年頃だが、三三年には東京―大阪間を六時間五〇分で結ぶ電車特急〈こだま〉とともに、東京―博多間の固定編成の寝台特急〈あさかぜ〉が登場した。

〈あさかぜ〉のキャッチ・フレーズは「走るホテル」で、人気は抜群だった。ダフ屋が「あさかぜの切符あるよ」と法外な値段を吹っかけてきた。

その頃の〈あさかぜ〉に乗ったことがある。東京発18時30分だったが、ホームには見送りの人たちが群がり、食堂車は夜遅くまで満席で、新聞や雑誌でお目にかかる有名人が食事をしていた。

あれから三五年、夜行列車は惨めな状況に追いこまれてしまった。

私は寝台車が好きだから、普通の人なら飛行機を利用する区間でもブルートレインに乗る。そして、ガラ空きの車内に虚しく置かれた毛布やシーツを眺めている。

夜行列車の味わいは格別のものがあるが、利用者が少なければ消えていくのは当然である。悲しいが、しかたがない。いまのうちに、できるだけ乗っておこうと思うのみである。

身近なところにも「旅」はある

人生は旅に似ているとか、可愛い子には旅をさせろとか、昔からそう言われて「旅」の評価は高いのだが、昨今の日本人の旅行のありさまを見ていると、私自身を含めて、そんな評価に値しない状況ではないかとの疑問を抱かざるをえない。いまさら芭蕉のような旅をしろ、あれこそ本当の旅だと言われても無理だが、いささか堕落しているように思う。

思いつくままに事象を列挙してみよう。

余暇を何に使いたいか、との世論調査によると、「旅行」が女性においては第一位、男性は第二位（一位は休養だったと思う）である。女性が旅行に出られるようになったのは日本女性史に特筆すべき目出度いことであるが、「旅先での関心事は？」との問いにたいする答は「買物」。

女性の進出ぶりを象徴するのは温泉旅館の風呂であろう。男風呂は広く、女風呂は狭いというのが従来の旅館の設計であったが、近時は女性団体客のほうが多いから、ぐあいのわるいことになる。一人で大浴場にいい気分でつかっていると、「こっちのほうが広くていいわい」と、おばさんの集団が繰りこんでくる。羨ましいと思う人もあろうが、当方は縮み上ってしまう。だから、新しい旅館では男女の浴場の広さを同じくする傾向にある。なかには、いっぽうを岩風呂、他方はローマ風呂とし、時間帯によって男女交替制にしている旅館もある。しかし、女客のほうが多いので、いずれは女湯は広く、男湯は狭いという旅館が出現するかもしれない。いまや旅の主導権を握っているのは女性であり、旅行業者は女性に焦点をしぼっている。

列車や路線バスはガラ空きなのに、観光地や大旅館の駐車場には団体観光バスがひしめいている。自分で計画をたてず、宿探しの心配もない旅が主流になった。そうしたパック客を相手とする観光展望台などでは、階下に土産物店や食堂が並んでいる。私の観察によると、展望台に立つのは、せいぜい五分で、それも記念撮影に費やされる。「シャッターを押してください」と頼まれては「ハイハイ」と応じているが、記念写真をとるのが旅の目的になったのかと、そのたびに思う。

まあ、景色というものは、どんな絶景でも長時間眺めてはいられないから、五分もあればいいけれど、そのあと、バスの出発までの三〇分間を土産物の物色に費すのは、時間の使い方としてバランスを欠く。しかも、売っているものといえば現地の特産品はわずかで、大半は大手のメーカーによるという。レッテルだけが地方別になっているのだそうだ。

まだまだあるが、要するに交通機関が便利になったのと女性の解放が旅の様態を変えてしまったと言ってよいだろう。

しかし、こうした傾向とは対照的な旅をしている人もいる。その多くは若者で、リュックに寝袋を詰め、駅で寝る。国内どころか外国でもその調子で、ホテルなどには泊らない。アフリカの現地人が利用する安宿で一夜を明かす。大部屋でのゴロ寝だから友だちができて、彼の家に招かれたりする。暇はあるが金はないという状況と若さがそうさせるのだが、実りの多い旅だろう。金のないほうが旅の質を良くするのだ。

若者をうらやましいと思う。しかし、体力的にも神経的にも真似はできない。ほどほどに金もあるから、いまさら好んで苦労の多い貧乏旅行をしたいとも思わない。適当に楽をしながら旅行したいと考える。だから、中途半端な特色のない旅になりやすい。一泊二食一万五千円の大旅館に泊ったりする。これがいちばんつまらない。泊るなら五千円の民宿か三万円以上の高級旅館だ。

私は旅行者の心構えについて、かくあるべきだというような差し出がましいことを述べるつもりは毛頭ない。それぞれの人がそれぞれに楽しめばよいと思っている。しかし、旅の技術と言うか、こうしたほうが得だということについては語ってもよいだろう。

女性のセミナーで講演をしたことがある。旅と人生とかいった教養講座にふさわしい内容を「おくのほそ道」を例にひいたりしてお話ししたのだが、一席終ってからの質疑応答に入ると、「こんど友達の結婚式で福岡へ行くのですけど、どういう切符を買えばいちばん得ですか」「主人と××温泉へ行きたいのですが、安くて良い旅館を教えてください」といった質問ばかりが集中した。私はガックリしたが、考えてみれば当然で、求めているのは、旅のあり方ではなくて情報なのである。これは是として受けとめねばなるまい。

旅行の計画をたてる場合、まず必要なのは地図と時刻表とガイドブックで、これが基本資料、三種の神器である。これで計画を練るのは、じつに楽しい。机上旅行は「読書」と「旅」という両極をふまえており、贅沢の極致だ。金もかからない。旅行できないまでに老いても、机上旅行が楽しめるのは希望である。

だが、そんなことを言っていてはアドバイスにならない。じっさい、旅というもの、これについて何か言おうとすると当惑する。私自身がそれに淫していて大局が見えないせいもあるが、どうも多岐多様でつかみどころがない。そこに旅の良さがあるのかもしれないが、まったく困る。で、あとは支離滅裂に。

旅行業者の好餌とならぬこと。ツアーに参加すれば楽々だが、楽に旅行をすると、あとに残る感銘は少ない。旅は自分で計画をたて、その結果の「失敗」に価値がある。どの宿にも断わられて夜の町をさまようとき、「旅」が正体を現してくる。そんな状況を写真にとる人はいないだろう。が、記念写真の対象にならない状況においてこそ、旅の価値は高まる。自分という肉体が寄るべなき存在となること、それが旅というものだ。ようやく招じ入れられた宿のおかみや女中さんにお世辞を言ったりする。入院患者と看護婦の関係ほどではないが、入院と旅とが似てくるほど「旅」らしくなってくる。

遠くへ行きたいと私たちは思う。日常性から脱却して異質に接するのが旅であるから、遠くへ行くほど願いがかなえられるのは当然だが、遠くへ行きさえすればよいものではないだろう。パリの下町は知っているが柴又の帝釈天は知らないとは、よろしくない。北海道へ行ったこともないくせに外国へ行って「日本は狭い」などと言う奴に接すると、腹が立つ。たしかに日本は狭いが腹が立つ。

遠くへ行くことが「旅」であるとの観念は消したいと思う。「いま札幌から帰ってきまして」と遅れて馳せ参じたことを誇らしげに言う有能らしきビジネスマンの顔は、粗末きわまる。パリなんぞから駆けつけたら、どんなに遅れても歓待される。イヤだと思う。私は遅刻者としてしか評価しないから、「どうもどうも、じゃ、そろそろ失礼します」と座を白けさせることにしている。

遠くへ行くほど旅らしくなるのは当然であるけれど、日常性からの脱却が旅であるとの観点からすれば、「旅」はどこにでもある。東京の住宅地に住んでいる人はＪＲの鶴見線に乗ってみるのがよいと思う。これについては幾度も書いたが、オランダのロッテルダムあたりの異国情緒に出会えるはずである。東京駅からの所要時間は三時間弱、運賃も千円で足りる。

それから「闇」と「星空」。それを見るのが旅かと言われても困るが、私たち都会生活者は接することが少ない。

星空は、見にくい状態にある。どこへ行っても街の明りが邪魔になるからだ。天文ファンは福島県の吾妻山が最上だと言っている。そこまで限定されてきている。

「闇」のほうについて言えば、これはいくらでもある。

たとえば、シーズンオフの軽井沢。

齢のせいで夜中に眼が覚める。外に出ると真っ暗の闇である。その闇の黒さは正に黒であって、眼が見えることとの意味がないほどである。縄文時代とおんなじ闇だ。

そんな闇に接すると、これが旅だと思う。

金もなく暇もなくても「旅」はできるのだと私は考えたい。できれば、金がないほうが良質の旅ができるというところまで。

自信をもって社会派趣味雑誌の大道を！

趣味は論ずべからず、という諺《ことわざ》は趣味雑誌の編集に対してもあてはまるだろう。好き者が集まって薄給・無給で好き勝手な雑誌を徹夜でつくる。どうぞご自由にである。

一般の商業雑誌の場合は、だいぶちがう。格別の興味も知識も意欲もないのに、なんとなくマスコミの華やかさに憧れて出版社に入ってくる人がいて、なんとなく編集をやっている。そうした人のなかに妙に編集の上手なのがいたりして、話がややこしくなるのだが、とにかく趣味雑誌と一般雑誌とでは編集側の状態に劃然たるちがいがあるように思う。

私は商業出版社に二七年間も勤めていた人間であり、大方の編集者から見れば先輩にあたるから、求められれば、編集方針について意見をのべる。婦人雑誌であろうと一家言らしきことを言う。けれども、趣味雑誌については埒外《らちがい》で、どうぞお好きなように、が基本姿勢である。『鉄道ジャーナル』にしてもおなじだ。だから、希望も意見も愛読者の一人としての自分勝手なものでしかない。

私は、時刻表―地図―旅行―人文地理―歴史といった系列の方面に興味があり、その延長線上として都市問題や交通問題にも関心を持つようになっているが、鉄道のメカニズムについては、まったくといってよいほど弱い。581系の下段はよいが、あれの上段に寝るくらいならナハネ10系のほうがまだマシだ、という程度の知識はあるけれど、それは旅行者として知ったことであって車両への興味からではない。

したがって、車両などを中心に編集された鉄道雑誌の読者ではない。その点、『鉄道ジャーナル』は幅が広い。私にとっては貴重な雑誌である。

自分の気に入ったものについては何かと理由をつけて肯定しようとするのは人間の本性だから、その上に立って言えば、鉄道はたんに趣味の対象とするには巨大な存在であると私は思う。しかも老いた巨象のような翳《かげ》りを帯びている。釣り好きの人が魚を釣りながら二〇〇浬問題に思いをいたすのかどうか知らないが、鉄道に関心を持てば、かならず突き当たるものがあるはずだ。それは趣味の域を超えたものである。

それだけに、鉄道への興味は社会のしくみに対する関心へと広がらざるをえないのではないか、と私は思っている。

『鉄道ジャーナル』は、そこを把握して編集している。〝物としての鉄道〟にしか興味のない読者からは不満の声が寄せられるかもしれないが、自信をもって社会派趣味雑誌としての大道を歩んでほしいと思う。

安くて居住性のよい個室B寝台を！

ここ数年、外国の鉄道に乗る機会に恵まれている。諸国それぞれに「鉄道史上の現状」ともいうべきものがあり、また、お国ぶりや流儀のちがいもあって、それに身を乗せていると、楽しみのうちにも考えさせられることが多い。

その一つに「居住性」や「プライバシー」の問題がある。日本の鉄道は、安全・正確の面では断然すぐれているし、速度も一流である。しかし、居住性の面では劣っている。

もとより全面的にそうだとは言いきれない。フランスのＴＧＶの座席は飛行機なみの窮屈さであり、発展途上国の三等車はだいたい木の椅子だ。けれども、日本人の生活水準を考えると、鉄道の居住性は相当にわるい。

これは日本の住宅事情に似ている。似ているというより、おなじ事情から生じている。狭いところでひしめき合って暮らし、肩をすり寄せて乗らねばならないからだ。国鉄が「つめこみ」主義を奉じてきたのもやむをえないだろう。

だが、それを肯定できるのは通勤電車と、あとは新幹線ぐらいまでで、夜行列車ともなれば話はちがってくる。

国鉄としても腕をこまぬいていたわけではない。寝台専用列車、二段式B寝台車・個室寝台車など、居住性をよくするための努力はしてきた。

けれども、それは日本人の生活水準向上のあとを追うにとどまり、飛行機の速さに対して居住性で太刀《たち》打ちするにはいたっていない。二段式B寝台は、かつての三等寝台にくらべると比較にならぬほど快適だが、あの程度の快適さでは飛行機の客を奪い返せない。その何よりの証拠がブルートレインの乗車率のわるさである。修学旅行の高校生が目立ち、主要な客たるべきビジネスマンの姿は、きわめて少ない。

大勢として飛行機にかなわないのはやむをえないところだろうが、このままでは夜行列車は滅びてしまう。

そこで考えるのが個室寝台である。

私は個室寝台が大好きで、無理をしてでもよく乗る。つい先月も〈はやぶさ〉で西鹿児島から東京まで乗った。

個室寝台の乗車率は、かなり良い。B寝台が三〇%ぐらいのときでは、半分以上がふさがっている。満室の場合も多い。一流ホテルの部屋代なみの高い料金にもかかわらず乗車率がよいのは、現代の旅客がプライバシーを望んでいるからであろう。

ただ、なんとしても料金が高い。今回の値上げでは、ついに一万四千円になった。

もっとも、国鉄側からすれば、一両にわずか一四室では二万円でも採算が合わないのだろうが。

そのへんの事情は乗ってみれば、よくわかる。いたずらに天井が高く、空間が遊んでいるのだ。たくさんの人間を狭いところへ押しこむ技術に長じているはずの国鉄技術陣の手になるとは思えない設計ではないか。そして、このムダな空間が個室寝台の料金をつり上げ、かつ、採算性をわるくしているのである。

外国の個室寝台車にも何回か乗ったがいずれも設計が巧みで、収容人員が多かった。〈カナディアン・パシフィック〉は「凸」と「凹」を上下に重ねたようになっていたし、〈サンフランシスコ・ゼファー〉は二階建てであった。

いずれも天井は低かったが、客が求めているのはプライバシーと低料金であって、天井の高さではない。

日本の国鉄でも東海道山陽新幹線用として、二階建ての食堂車や展望室つきグリーン車を製造することに決定したという。しかし、個室B寝台のほうは試作段階で足ぶみしている。

ドル箱の新幹線とはちがって、命運危うい夜行列車用ではふんぎりがつかないのだろう。

しかし、このまま夜行列車の衰退を指をくわえて眺めているのは、なんとしても残念である。

車両の改造費は一両あたり三千万円ぐらいであろう。せめて〈あさかぜ〉の一号と四号だけでも定員二五～三〇名の個室B寝台で編成してみてはどうだろう。

そして、一人室、二人室、四人室、お座敷など、大いに変化に富んだものにしてほしい。二人室では風紀が乱れる、四人室では麻雀がはじまる。それでいっこうかまわないではないか。

汽車旅讃歌

昨年の夏、伊東の旅館に一泊して、原田勝正さんと延べ一〇時間におよぶ対談をした。話の内容は、もちろん鉄道についてである。

企画したのは一般書を刊行している出版社で、鉄道の本を手がけるのははじめてとのことであった。同行した二人の編集者も、とくに鉄道に興味を持っているわけではなかった。

対談は、ひじょうに楽しかった。といっても、ご当人ふたりにとってであって、好きなことを好き勝手にしゃべれという注文だから、楽しいにきまっている。同病相憐れむというが、これは同病相楽しむである。

肝心の話の内容がおもしろかったかどうかは、わからない。楽しんでしゃべったことが、そのままおもしろければ、こんな目出度くて安易なことはないのであって、むしろ逆の場合が多い。だいたい、おもしろがって、しゃべったり書いたりしたものは、聞く側、読む側からするとおもしろくないのが常である。その反対に、講演の上手な人は、聴衆が笑いこけているのに、本人はつまらなさそうに話しているし、滑稽なことを書く人は苦虫をかみつぶしている。

内田百閒先生は、『阿房列車』ばかりでなく、その随筆は上質のユーモアに満ち満ちているが、お人柄は気むずかし屋のじいさんであった。私は、どんな人か会ってみたくて、市ヶ谷のお宅まで行ったことがあるが門のところに「世の中に人の来るこそうるさけれ。とは言ふもののお前ではなし」と書かれた紙片が貼ってあったので、ベルを押す勇気が出なかった。

ところで、原田さんとの対談についてであるが、同席した二人の編集者は、おもしろかったと言ってくれた。それはお世辞ではなかった。けれども、おもしろがってくれたのは、話の内容よりも、いい齢をした中年男が、汽車ポッポのことを夢中になってしゃべり合っている、その図のほうらしいのだ。

二人の編集者は、こもごもに、「いや、まったく驚きました」とか、「さて、テープの整理が大変だぞ」などと言った。

驚いたり呆れられたりするのには、もう慣れているし、こちらの知ったことではないけれど、言われるとおり、テープから原稿作成への作業は大変にちがいない。なにしろ、カセット・テープの交換中でもおかまいなしにしゃべるし、二人が同時に発言し合ったこともある。それに以心伝心の会話ばかりで第三者にわかるようにするのは大仕事だろう。

それから一ヵ月半ほどして、整理された速記が送られてきた。題名は『時刻表・駅・切符』、それに「行先不明列車、出発進行の巻」というサブ・タイトルがついている。行先不明列車か、そりゃそうだろう……と私は思った。

さて、速記に眼を通してみると、やはり雑然としている。けれども良いところもあって、なにより原田さんの発言が光っている。対談中は、こっちがしゃべりたくて、相手の話の区切りを待ったり待たなかったりだったが、落ちついて読んでみると、さすがである。それから、さぞかし編集部が苦労したのであろうが、会話が漫才的ながら嚙み合っている。そして、不思議な熱気がある。

もちろん、元が元だから、話があちこちし、脱線もすれば転覆もあって、全体としてのまとまりに欠けることはなはだしいが、不思議な熱気が、それを上回って、その結果、本の中を汽車が走りまくっているかの趣になっている。

私は考えこんでしまった。

考えこんだのには事情がある。この対談の一ヵ月前に、私は『時刻表ひとり旅』という本を出版したばかりだったからである。

この本は、これまでに私が書いた旅行記とはちがって、「なぜ時刻表がおもしろいのか」「なぜ鉄道が好きなのか」という問いに答えようとして書いた。つまり鉄道趣味は少年だけのものでなく、大の男が夢中になるに価する立派な趣味なのであるぞ、という、いわば自己主張、自己弁護のつもりで書いた。構成には苦心し、わからない人にわかるようにと、素材の選びかたにも話の進めかたにも、ずいぶん配慮した。気楽な旅行記だけ書いてきた私としては、はじめて苦労して書いた本であった。

けれども、成功しなかった。対象が大きすぎ、深すぎて、あっちに食いついたり、こっちを撫でたりで一人相撲に終わり、わかっている人だけにしかわからない本になってしまった。そして、鉄道の魅力を表現することのむずかしさを身にしみて感じたのであった。

ところが、原田さんとの速記を読むと、人にわからせようとの意図はまったくなく、構成も雑然としているのだが、寄せ鍋のような熱気に溢れ、鉄道の魅力が湯気のごとく立ち上ってくるのであった。

なんだ、あんなに苦労したのがダメで、楽しんだほうが、まだマシなのかと私は思った。考えこんでしまったのは、そのためで、表現とその効果の関係のむずかしさ、鉄道の魅力を語ることのむずかしさを、噛みしめたのであった。

鉄道が好き、ということは、ただそれだけのことであって、理由も是非もない。けれども人間には「なぜ？」と追究または追及する偉大な特性があって、自分についても他人についてもいろいろあげつらわないと気がすまない。趣味は論ずべからず、との格言があるのは、論じる人が多いからであろう。私も例外ではないから、なぜかと考える。

飛行機が発達せず、自動車や道路が今日のように普及・整備される以前は、汽車が乗りものの王者であった。戦前の子どもたちはみんな鉄道ファンで、大きくなったらなんになりたいかと問われれば、大臣、大将と並んで「特急の機関士」と答える子が多かった。

あのころは私も子どもだったし、鉄道に憧れるのは当然のこととして、すべて事は簡単であった。時刻表の愛読者は少なかったが、鉄道趣味の一部であるから不思議がられることもなかった。

それが、大人になってくると、仲間が鉄道からはなれてゆく。東海道本線の駅名を暗誦し合った連中と同窓会で顔を合わしても、すでに鉄道への関心は薄れ、高邁な外国文学などの世界へと進入しているのであった。文芸評論家になった奥野健男君もその一人で、小学校時代、「東京」「新橋」「品川」と交互に言い合いながら、いっしょに帰ったものである。彼が国府津を「くにふつ」と発音したのを覚えている。当時の時刻表には駅名の訓《よ》みは付されていなかった。

私も文学づいたり、多少はむずかしい本を読むようになったが、やはり座右の書は「時刻表」であった。

こうなってくると「なぜ?」がはじまる。

いまでこそ鉄道趣味は、ある程度の市民権を得ているが、当時はそうではなかった。いい齢をして汽車が好き、と言えば、未熟者と見なされかねなかった。私は趣味を問われれば「旅行」と答えるようになった。

そして幾星霜。その間、鉄道は昔日の栄光を失い、私は居直って国鉄全線完乗記を書いた。

出版してみると、奥付に住所を記しておいたこともあって、読者からの手紙がたくさんきた。その数も予想以上だったが、驚いたのは、その半数が中年男性だったことである。しかも、そのほとんどが鉄道ファンであった。

思えば、私たち中年男の少年時代は鉄道の全盛期であった。小学国語読本には汽車のことが幾つも載り、「帝都をあとに颯爽と　東海道は特急の　流線一路　富士　桜燕の影もうららかに」の国民歌謡がラジオから流れ、満洲の荒野に〈あじあ〉号が走りはじめた時代であった。おそらく、そのころに培われた鉄道への興味を何十年も持ちつづけながら、大人の世界の中では発散するわけにもいかず、話し相手もなく、鬱屈したまま、じっと堪えていた人たちにちがいない。事実、そういう意味のことを書いている人が多かった。

嬉しかったのは、その人たちの文章が、しっかりとし、かつ礼儀正しいことであった。それは当然で、社会的地位の高いとされる人が多いのである。とくに、なぜだかわからないが、小中学校の校長の多いのが目立った。要するに、中年鉄道ファンの知的水準は高いのである。

失礼をかえりみず言うと、ゴキブリ一匹を見つけたら百匹潜んでいると思え、という駆除剤の広告があったが、一通の手紙の向こうには百人の……と考えられなくもない。私は意を強くした。

けれども、それにも限りがあって、鉄道ファンは依然として少数派である。ただ、風向きがだいぶ変わってきたようで、時刻表についても、「こんなものの、どこがおもしろいのか」から「時刻表は大変おもしろい読物だそうだが、読みかたのコツを教えろ」というふうになってきた。

それで、ひとつわからせてやろうと書いたのだが、前述のようにうまくいかない。

鉄道という存在が大きすぎて私に扱いきれないのだろう。なにしろ、機械、電気、土木、地質、経済、政治等々にかかわっていて、まるで総合大学なのだ。ひと口に鉄道ファンといっても、興味の所在がちがえば話が通じにくいほどなのである。

それを覚悟のうえで言えば、鉄道の魅力の素《もと》は、文字どおりレールでできた「鉄の道」にあると私は思っている。

時刻表派にかたよるけれど、線路から一歩も外に出られないことからくる列車ダイヤのおもしろさ。幸か不幸か、日本の幹線は線路容量に比して列車本数が多く、過密ダイヤである。それだけに、特急から鈍行にいたる各種の列車が一本の線路を奪い合いゆずり合って、まことに目まぐるしくなっている。

貨物列車が時刻表に載っていないのは当然ながら残念だが、旅客列車だけを見ても、社会の変化とその対応に苦心するスジ屋さんの苦労がほの見える。最近は旅客の流動より乗務員や車両運用の効率化が表立ってきていて本末顛倒の感もあるが、これも見所ではある。

時刻表は机の上で読んでも、旅への夢がふくらんでじつに楽しい読物であるが、じっさいに汽車に乗ってすれちがう列車と照合すれば、ますますおもしろい。

線路がもたらす魅力は、同時に「地べたを匍《は》う」魅力でもある。

旅の価値の大半は、道行き、道中にあると私は考える。私が考えずとも昔からそうであった。『おくのほそ道』や『東海道中膝栗毛』を引合いに出すまでもない。

ところが、交通機関の発達は、「点」と「線」の微妙な組合せで成り立っていたはずの旅を「点」だけの味気ないものに変えてしまった。何時間もかかって徳本峠《とくごう》に登ったからこそ、眼前に迫る穂高はすばらしいのだ。バスのなかで歌などうたいながら河童橋に着いて見上げる穂高は、スイスなら二流の山ではないか。

昭和五五年度の『日本国有鉄道監査報告書』によれば、東京―札幌間の旅客のシェアは、飛行機が九五パーセント、国鉄はわずか五パーセントになっている。飛行機が圧倒的に優勢なのはもはや当然であるが、暇のある人を対象に募った観光団までが往復とも飛行機とはどうしたことか。

青森から連絡船で函館へ渡り、サイロや駒ヶ岳を眺めながらたどり着いた札幌と、あっさり千歳空港から入った札幌とはちがう。地べたを匍って行く北海道と空から飛びこむ北海道とが別の貌《かお》を見せることは、乗りくらべた人には同感していただけるだろう。「はるばる来たぜ函館へ」という歌があるが、あれでこそ北海道への旅なのだ。

交通機関は目的地へ行くための手段である。そのかぎりでは「文明」にすぎない。しかし、車窓を楽しみ、街道をたどった昔の人に思いをはせれば「文化」の趣を呈してくる。鉄道旅行には、その余地が残されている。

時刻表に魅せられて

私の机上にはルーペが三個もある。大きいものはレンズの直径が九センチ、重さ一五〇グラム、小さいのは四センチで五〇グラムである。その中間に四角形のがある。日本語の本には「ルビ」（ふりがな）というものがあって、本文活字の半角、面積は四分の一。しかも、濁音（゛）や半濁点（゜）が付されていたりするから、これはもう極小である。齢とともにルーペなしには判読できなくなった。

それに加えて私の愛読書は鉄道の時刻表である。幼少の頃から読み耽って六〇余年を経た。あんなもののどこがそんなに面白いのかと問われるが、これは説明しようがない。とにかく、それが昂じて、五〇歳を過ぎてからサラリーマン生活をやめ、鉄道旅行作家になったのだけれど、時刻表はご承知のように小さな数字の羅列である。「0」「6」「9」などは判別しにくい。これを見まちがえると列車に乗り遅れるかもしれない。

そういうわけで、時刻表は私にとって旅行の必携品なのだが、時刻表は列車の増発や平日用と休日用のダイヤの分割掲載などによって増ページを重ね、全国版の時刻表は一〇〇〇ページをこえ、重量も一キロに近づいた。

重い時刻表は厄介なお荷物である。しかし、これを携えずには出かけられない。それで、ルーペを持って行くようになった。ますます携帯品が重くなるわけである。

そんな〝苦労〟の甲斐あってか、このたび、ドイツの〈エッシェンバッハ社〉のルーペを入手した。牛革のケース入りで、レンズはヨコ五センチ、タテ一〇センチの長方形である。プラスチックレンズなので九四グラム。軽いのがありがたい。

柄は斜めについていて、新聞などを読むときはレンズをヨコ位置、本を読むときはタテ位置にすると説明書にある。なるほど、柄を握りかえると、レンズと柄の角度が四五度だからタテの視覚がヨコに転換できるわけだ。長方形のレンズに斜めに柄をつけるというアイディアには感心した。

この新入りのルーペによって、私の机上はルーペだらけになった。左手がルーペをとる、右手がとるときもあるが、彼らは、いろいろに役立ってくれる。

彼らは、あちこちにルーペがあったほうがいい。

私の乱雑な机上の文鎮の役割を果してくれる。ときには、「シオリ」にもなってくれる。

第四章　レールに寄り添いながら

若い日の私─突然、アガらなくなった

六四歳まで生きてきて、振り返ると、「自分は何回か変身したな」と思う。生まれながらの性格は「三つ児の魂百まで」で変わりようもないが、その外側にあらわれるものは、体や心の成長や衰え、環境・状況によって変わることがある。それは、徐々に変わっていくのではなく、ある節目で、急に変わる。

管理職になったとたんに威張りだした、というような次元の低い話ではなくて、心身ともに「人が変わる」ときがあるようだ。

肉体的には危機でもあって、そのことに気づいた昔の人は、「厄年」を設定して注意を喚起したようにも思われる。

私は、その変わり目を幾度か経験した。第一回は、中学三年生から四年生にかけての時期であった。

それまでの私は、授業中に名指しされたり、先生と向かい合ったりすると、顔が真っ赤になり、すべて上の空になる体質だった。アガってしまうのである。

私はテニス部に所属しており、三年生の秋、抜擢されて対外試合の選手になった。

だが、足が地につかず、完敗した。「ふだんの力が全然発揮できないな、キミは」と主将に言われ、選手から降ろされた。

ところが、翌年の春になると、私は変わっていた。赤面することなど、まったくなくなり、どんな時でもアガらなくなった。

テニスの試合でも、相手の動きや心理を冷ややかに読めるようになった。敵のバック深く打っておいてから、つぎはネットぎわへショート・カットを落とすとか、右へストレートを打つふりをして左へ流すとか。

そうした老獪《ろうかい》な技術を身につけていった。

「汚いぞ」と相手の応援団は私をやじった。もっとも、彼らも汚くて、ラリーの最中に「パンツのボタンがはずれているぞ!」などとも言った。

そんな紳士のスポーツらしからぬテニスの試合をやっていたのであるが、私は何を言われようと動じなくなっていた。

勝率は非常によかった。「実力以上に勝負に強い」と、みんなに言われた。

これは突然変異である。中学三、四年頃は人生の最大の変わり目に遭遇する時期だから、そんな変わりかたをしても不思議でないのかもしれない。

が、とにかく私は冷血人間に変身したのである。

それいらい私の冷静と言うか冷ややかと言うか、そうした性格は変わらない。

あれからすでに五〇年を経た。その間に、いろいろなことがあった。

そのたびに私はあの頃のことを思い出しては、自分を変えれば何とかなると励まして、どうにか乗り越えてきた。

かように私は一三、四歳頃に新しい性格を享けたわけだ。

だが、それ以前の自分は何だったのか、どこへ行ってしまったのかと思う。

されど国鉄　わが人生の郷愁列車

焼夷弾の降りそそいだ一夜が明けると、私は自転車で渋谷へ向かった。渋谷に住む伯父の一家のようすを見るためであった。

私の家があった世田谷区北沢町付近は、ところどころの一角が焼けた程度だったが、道玄坂の上まで来て、私は目を見張った。道玄坂と宮益坂にはさまれた広い渋谷の谷は見渡すかぎりの焼け野原に変わり果てていた。

伯父の家も跡形なかった。焼け跡に遺体のないのが、せめてもの幸いであった。

その渋谷の焼け跡を山手線の築堤が貫いている。けれども、駅は焼け落ち、電柱は曲がり、倒れ、線路上には半ば溶けた電線が散乱していた。

一九四五年五月二六日の朝のことであった。

山手線は壊滅したな、と私は思った。いつになれば復旧するのか見当もつかないような惨状だった。

ところが、わずか二日後の二八日の始発から山手線は走りはじめたのである。

『国鉄の空襲被害記録』（集文社・一九七六年刊）には、被害状況とともに運転再開の日時も記されているが、それによると、山手線ばかりでなく、全国各線の復旧の素早さに驚かされる。

あの当時の私たちは、身の回りのことで精一杯だった。食糧を探し求め、空襲で右往左往する日常だった。

家を焼かれた人びとは知人を頼って離散し、あるいは焼け跡にトタン屋根の仮住居をたてたりしなければならなかった。

国鉄の人たちも同じ境遇であったにちがいない。にもかかわらず、家や家族をかえりみず、ひたすら鉄道の復旧に専念してくれたのである。

鉄道が復旧し、電車や汽車が走るということは、何よりの救いだった。私が鉄道ファンだからではない。当時の状況下にあって、鉄道が健在であるか否かは誰にとっても深い関心事であった。食糧を調達するにも、知人を頼っていくにも、鉄道はなくてはならない存在だったのである。鉄道以外には自転車と自分の足しかない時代だった。

一九四五年八月一五日の正午、私は山形県の今泉という駅で敗戦の放送を聴いた。雑音だらけで聴きとりにくいラジオを、たくさんの人びとともに囲み、難解な語をつらねた詔勅に聴き入った。

この瞬間から日本人は虚脱状態に陥ったといわれる。たしかにそうだったと思う。放送が終わっても、人びとは棒のように立ったまま動こうとしなかった。セミの声だけが真夏の駅前広場の唯一の音であった。

時が止まったような放心状態だった。私は今泉から米坂線の汽車に乗り、母の疎開先の新潟県へ向かう予定だったが、もう汽車など止まってしまっただろう、と思っていた。

ところが、放心状態の私たちの心を覚醒させるかのように、汽車が今泉駅のホームに入ってきたのである。

いつもとおなじ蒸気機関車が客車を牽き、ホームに蒸気を噴きつけながら、何ごともなかったかのように停車した。助役からタブレットの輪を受けとる機関士、石炭をくべる機関助士の作業に変わりはなかった。変わりようのないことではあるが、私は信じられない思いで、それを眺めた。顎紐を締めた二人の姿が、この時ほどりりしく頼もしく見えたことはなかった。私は気をとりなおして列車に乗りこんだ。まもなく、汽車はボーッと汽笛を鳴らし、発車した。

汽車が平然と走っていることで、私のなかで止まっていた「時」が、ふたたび動きはじめた。

列車は山間を縫い、深い谷を渡った。国破れて山河あり、と言うが、それに加えて汽車があった。もし、あの日あの時、汽車に出合わなかったなら、私の時は止まりつづけていただろう。

フィッシャーのモーツァルトは宝物のように美しかった

敗戦後まもない昭和二二年ごろ、私はモーツァルトに心酔してしまい、中古レコード店に通うようになった。しかし、レコードの値段は非常に高くて、買うのは月一回がやっとであった。

アルバイト収入の半月分ぐらいを投じてSP盤（七八回転。演奏時間は片面五分以下）の三枚組か四枚組かを購入し、宝物のように大切に抱えて帰ってきては、怪しげな電蓄と竹針で、くりかえしくりかえし聴いた。

レコードの選択は、あらえびす（「銭形平次」の野村胡堂の音楽評論家としての筆名）の『名曲決定盤』を頼りにしたが、現在のようにミソもクソもLP化・CD化できる時代ではなかったから、何を買おうと演奏の水準は高かったはずである。

そんなレコードのなかで、話をモーツァルトのピアノコンチェルトにしぼると、やはりエドウィン・フィッシャーの「ニ短調　K466」だ。とくに第二楽章の展開部は、今日とは比較にならぬ録音と再生装置のはずなのに、この世のものとは思われぬ美しい音を発した。

フィッシャーの演奏は、清澄で整然としており、原曲を正確に再現しようとする。学究的で自己を抑制している。だから華やかさはない。地味で、もの足りないと感じる人もあるだろう。

しかし、おなじレコードを何十回も何百回も聴くほかない者にとっては、フィッシャーのような演奏こそ最上なのである。

私はフィッシャーに惚れこんだが、彼のモーツァルトは他にないので、バッハの「半音階的幻想曲《クロマティックファンタジー》と遁走曲《フーガ》」（二枚組）を買った。これは私のバッハ入門となった。

あれから四十余年を経て、若き日の情熱は万事において身心ともに衰えたが、内田光子のモーツァルトのコンチェルトはＣＤの新譜が出れば買っている。微細なところまで神経と解釈が行き届き、技術的にも、難しいとされるモーツァルト特有の「タラララタララ」の粒が真珠の首飾りのように見事に揃っている。日本からも大したピアニストが出る時代になったと思う。そのほか、評判の高い、ブレンデル、ペライア、アシュケナージなども買った。

どれも立派な演奏なのだが、内田光子を含めて、聴き終ったあと、疲れをおぼえる。再生音の質が格段にちがい、聴く私も齢をとったから比較にはならないが、フィッシャーの地味で淡白な演奏が耳の底にこびりついていて、ＣＤの鑑賞の障害となっているようだ。

お辞儀が三回。

私は戦前戦中、渋谷周辺に住んでいたので、「10」系統の市電に乗ることが多かった。ルートは渋谷―青山一丁目―三宅坂―九段―須田町（両国までの場合もあった）で、現在の地下鉄半蔵門線とほぼおなじである。

この市電に乗ると、三回お辞儀をさせられた。まず表参道の入口を通過するとき、車掌が「明治神宮おん前です」と言う。乗客は立ち上って神宮の方角に向って礼をする。つぎは三宅坂で左に曲り、皇居の濠に沿う地点で、「宮城おん前です」。そして三回目は九段坂上で「靖国神社おん前」。

イヤな時代だったが、今日のようなクルマの洪水・渋滞はなく、ノンビリしていた。

ペダルを踏んで

「運動不足です。散歩をしなさい。ブラブラ歩きでなくて速足で」

と医者が言った。

さっそくすすめに従ったが、ちっとも面白くない。行動半径が狭いので目新しいものに出合わない。新築中のマンションを眺めたりするだけである。

それで、自転車にでも乗ってみるかと、ひさしぶりにペダルを踏んだ。速度が約三倍にアップしたから行動範囲は二乗の九倍、一〇倍に広がった。いままで知らなかった史跡や古寺がある。

私は詳しい地図を買い、それを見ながら遠出をするようになった。こうなると「旅」である。旅行屋の私としては面白くならざるをえない。

しかも嬉しいことに、私の家から五、六分のところに川の護岸を利用したサイクリングロードがあり、車にわずらわされることなく井の頭公園まで行けることがわかった。

三ヵ月もすると、思いなしか腹が凹んできた。

私は調子づき、スポーツ車を買った。

こうなると、それなりの格好をしなければならない。事が服装に及ぶと、娘たちは口うるさい。どこへ行って何を買えと言う。ご教示に従って行ってみたが、ケバケバしいデザインのものばかりで、こんなものを初老の男が身につけたら、チンパンジーの曲乗りになってしまう。私は靴下だけ買って帰ってきた。

ともあれ私は、雨が降らないかぎり、昼過ぎになると自転車を駆って出かける。動力が脚だから上半身に当る風は冷たい日でも太モモのあたりは汗ばんでくる。

それで、短い脚にショートパンツなどをはき、さぞや醜悪だろうと思いながらペダルを踏んでいる。ひとの眼にはどうであろうと、股間を吹き抜ける風は心地よい。齢を忘れる。

テニスで心機一転

丈夫で元気で活発で、学校で威張っていられるような男の子に生れたかった。しかし私は、その逆だった。

私は七人きょうだいの末子で、父が四六歳、母が三八歳のときに生をうけた。母が私を妊娠したとき、父は「またか」と言ったそうだから、今日ならば中絶の憂き目に遭っただろう。

ウラ成りの私は体は小さく、病弱だった。性格も内気で、口べたで、喧嘩など、もっとも苦手だった。小学校に上っても、黙りこくっていて、級友と言葉を交すことはなかった。家に帰って、ひとりで鉄道の時刻表を眺めるのが楽しみという、自閉症的な子どもだった。ランドセルを物置に放りこんで、学校をサボったこともある。

そんな惨めな自分に生んでくれた両親が怨めしかった。父は体が大きく、声も大きくて、性格は積極的だった。顔つきも私とはまったくちがっていた。この父の本当の子なのだろうか、とさえ思った。

かようにわびしい生い立ちだったのだが、神は私を見捨ててはいなかった。私の性格を変えてくれたのである。神というよりは青春の発情期の変り目かもしれない。中学三年から四年にかけてのときである。

それまでの私は、生れながらの性格のままだった。授業中に名指しされると、顔が真っ赤になり、アガってしまうのであった。

私はテニス部に所属していた。なぜか運動神経の性能がよかったので、上手なほうだったし、放課後にボールを相手にするのが楽しかった。テニスがなかったなら私は登校拒否生徒になっていたかもしれない。

中学三年生の秋、私は対外試合の選手に抜擢された。裏街道にいたのが、はじめて日の当る場所に出る機会をつかんだのである。私は有頂天になった。

だが、試合がはじまってみると、足が地につかず、上の空になり、完敗した。主将は、「ふだんの力が全然発揮できないな、キミは」と言い、私は選手から下ろされた。

ところが、四年生になったときの私は、ガラリと変っていた。赤面やアガることはなく、醒めた眼で私を観察するもう一人の自分の存在を自覚するようになった。何か事件があったわけではない。自然にそうなったのである。

テニスの試合にも出たが、相手の動きがよく見えて、連戦連勝だった。「実力以上に勝負に強い」と、みんなが言うようになった。私は変身したのである。

それ以後の私は、「変身した別の男」としての人生を歩んできている。三つ児の魂は百までで、生れながらの性格が通奏低音のように、下のほうから響きつづけてはいるが、図々しく生きて、会社に勤めても組織のなかの軋轢など、さして意に介さなかった。

もとより、その間、いろいろな紆余曲折があり、失意の時もあったが、あの弱かった頃の自分が顔を出すことはなかったように思う。

こうして二七年間の会社勤めでは、ストレスもなしに過して、それなりに仕事をし、退職してからは好きな鉄道に乗っては旅行記を書いて暮すという、人もうらやむ生活をしている。あの中学三年から四年にかけての時期に変身した自分で、その後の五〇年間を押し通した結果になっている。

私には二人の娘がいる。男の子はいない。

二人の娘が中学三年から高校一年になるあたりで、私は注目し、気をつかった。しかし、私にとっては決定的な節目であった時期を、二人の娘は変身せずに通過していったようである。

金沢との苦い関係

私の本業は鉄道紀行で、小説の書ける才はないと自覚している。ところが、新潮社のPR誌『波』の編集部から「鉄道旅行ミステリーを書け」という注文を受けた。一五年ほど昔のことである。当時は鉄道にまつわる殺人事件の推理小説の全盛時代であった。

つい欲が出、背のびをして、お引き受けしてしまった。けれども、長篇ミステリーを構築する力は私にはなかった。それで『殺意の風景』と題する毎月読切りの掌篇を連載することにした。

毎回苦吟したが、書く以上は私なりの考えはあった。殺意があって殺人が起る、それでは単純すぎはしまいか、殺意がないのに相手は殺意を感じて怯える。この方が現実味がありはしまいか、という考えである。

うまく書けたのが六、七篇、失敗作が一〇篇くらいの結果であったが、完結したとき、故大岡昇平先生が、「くるめきの反＝推理」と題して、

「そこになにも事件が起こらなくてもサスペンスが生じること。つまり被害者と思わ

れている人物が時刻表による計算では会うことができても、実際には会わなくても成立すること。つまり結末は『無』であっても成立することである。これは独創的な転換であり、これまで専門家によって書かれなかったのがふしぎだが、(中略)、人生の真のこわさはそこにある」(『波』一九八五年四月号)

と評してくださった。この上なく嬉しかった。

昭和六〇年秋の金沢市における「泉鏡花文学賞」の授賞式のあいさつで、私は、「これからもミステリーの作品を書くべく頑張ります」と言った。その時は本当にそう思った。

『殺意の風景』が泉鏡花賞を受賞したことで、ミステリー執筆依頼が殺到するようになった。けれども、わずか二篇しか書けなかった。要するに私には無理なのであった。旅行作家の本業に戻るほかなかった。

あれから一三年。旅行が仕事だから北陸地方へもよく行く。しかし、金沢の敷居が高くなってしまった。金沢を避けて、富山や福井に泊まることが多い。金沢の街は、もちろん大好きなのだが。

線路沿いの道

家を出て、どこかへ行くのは好きである。外国へも近所のスーパーへも喜んで出かける。大根などをさげた私を見て同情する近所の主婦もいるらしいが、私が好んでしていることである。

買物を兼ねた散歩は、自宅で原稿に向かっている日の場合、午前と午後の二回。三〇分ないし一時間ぐらいずつである。雨の日でも欠かさない。自宅の周辺二キロ圏内は路地を含めて、くまなく歩いた。古い屋敷が壊されてマンションになり、わずかに残っていた畑も宅地になっていったが、その変遷を見るのも、悲しいながら散歩者の楽しみでもある。

私が住んでいる東京都世田谷区松原六丁目は鉄道の宝庫である。わずか一キロ余四方のなかに小田急線、京王線、井の頭線、東急世田谷線が「井」の字形の鉄道網を形成している。鉄道好きにとっては、まことに恵まれた環境である。

四つの鉄道のなかで、いちばんのお気に入りは世田谷線で、車両や駅の構造は戦前のチンチン電車の面影を残している。

私の散歩は、この世田谷線の方へ向かう場合が多い。線路に沿って歩道があり、クルマにわずらわされずに歩けるし、旧式な電車が、のどかに通り過ぎるのを眺めることもできる。ときには、一駅間だけ乗ってみたりする。沿線のこざっぱりした喫茶店で、電車の音を聞きながらコーヒーを飲むこともある。老いのなかの、幸せなひとときではある。

第五章　書評・文庫解説

増井和子『7つの国境』——天衣無縫な旅行記

女性に道案内の地図を書いてもらって出かけると、迷うことが多い。目印になる曲り角の店が美容院だったりして、男の関心とは勝手がちがうという事情もあるが、女性は地理に弱いなとの印象は否めない。

二〇年ぐらい前のことだが、旅行社の人から、こんな話を聞いたことがある。団体旅行の案内で那智の滝へ行ったとき、「この滝、去年見たわ」と言ったおばさんがいたというのである。察するに、昨年は熊野三山詣で、今年は紀伊半島一周といったタイトルに誘われて参加したのではないかと思うが、男性の場合では考えにくいことだ。

しかし、地理に弱いということは、逆に言えば地域差に強いのであって、外国へ出かけても女性のほうが頓着が少なく、のびのびと買物を楽しんでいる。峠を越えて見ず知らずの村へ平気でお嫁に行った人たちの血を感じさせる。

地理にかこつけて女性を侮ろうとしているのではない。そもそも地理的知識なるものは、狩猟、探検、侵略、領有など、男性的所業にかかわることが多く、平和な巣を営みたい女性にとっては、あまり必要ないのだろう。これは平和のためにも大変によいことだ――。

と思っていたのだが、近時の日本においては様相がいちじるしく変ってきた。どこへ行っても女性の一人旅や小グループ旅行に出会うようになった。彼女らは「女性には無縁」とされていた時刻表を駆使し、地図と照らし合せて行程を検討している。フルムーン旅行でも時刻表を手にして主導権を握っているのは、たいてい奥さんのほうだ。言うまでもなく、女性にあたえられた絶大な余暇のせいだが、日本女性史上、特筆すべき新時代を迎えたと言ってよい。

このたび『7つの国境』(一一月、新潮社刊)を上梓された増井和子さんにたいして、以上のような尺度をあてはめるのは失礼にあたるだろう。これは男女別の域を超えた優れた紀行である。

けれども、七篇のうちではやや旧態な女性紀行の趣のある巻頭の「母と娘のシベリア横断」でさえ、戦前の林芙美子の名紀行「シベリアの三等列車」とくらべると、まるでちがう。割り切って言えば、後者は受動型であり、前者は能動型なのだ。これは個性のちがいよりも時代の差であろう。

『7つの国境』は、なんらかの形で国境にかかわった紀行文を収めている。「国境」にこだわること自体が、すでに女性らしくないと思うのだが、とにかく「シベリア」

以後の各篇を読むうちに、戦前戦後、男性女性といった見方が消えてしまった。

増井さんはトマス・クック社の鉄道時刻表を愛用している。どの程度かは文中から推察できないので、まあ私のほうが上だろうなと思うことにする。そこまで女性に侵略されたくない。

ところが、第四篇の「バーゼル駅」を読むと、私の自信が崩れはじめた。

フランス、西ドイツ、スイスの国境が接するバーゼル駅こそヨーロッパ、いや世界一の面白い駅だと私は思っている。各国さまざまな装いの列車が寄り集まり、鉄道員の服装も色とりどりで、こんな楽しい駅はない。列車の再編成のため一〇分は停車するので、ホームに降り立って行きつ戻りつする列車を眺める。それでいいと、そう思っていた。

しかるに増井さんは、国境の町バーゼルへ一万二千五百分の一という精密な地図を手に踏み入り、三国の国境探査に出かけるのである。これは従来の女性とは思えぬ所業だ。無気味な女性が現れたという感じがする。

その無気味さが頂点に達するのは第六篇の「国境の町かどで」である。フランスとベルギーの国境線を地図を手に行きつ戻りつしつつ、不審訊問を受ける増井さんの姿はすばらしい。私は脱帽した。

以上が『7つの国境』を読んでの図式的な感想だが、じつはこの本のゲラを読みながら、いちばん感心し、やっぱり女性の紀行だなあと思い知らされたのは増井さんの文章であった。

男の旅行記ならば、起承転結というか、目的からはじまって、いつどこで何がと話が進むし、私などそうでなければならぬと思いこんでいるのだが、増井さんは天衣無縫で、パッ、パッと前後の時間的関係など無視して情景を描出している。その瞬間の文章が女性ならではのすばらしさなのである。

『7つの国境』のゲラを読みながら、私はメモをとった。そのすべてはすぐれた情景描写の箇所である。いちばん感心したことを本論に組みこめなかったのは申しわけないが、名文の断片を引用するのも、よしあしだろう。現物をじっくり読んでいただくほかない。

川崎洋『わたしは軍国少年だった』

昭和二〇年八月の敗戦までの昭和前期について書かれた概説書の類を読むと、腹が立って、本を床に叩きつけたくなることがある。あの時代を懸命に生きた日本人の心情に思いを致さず、単純明快な史観で記述されたものがあるからだ。概観すればそうなるのだろうが、その程度のものを戦後の世代が教科書などで読んで、わかったつもりになられては、やりきれない。

本書の書名を見て、軍国主義時代の少年の典型か、と即断したなら、大きな誤りである。この「軍国少年」は、現代の若者とおなじ、あるいは、それ以上に生意気なのだ。

構成は四部に分かれていて、第一部は著者が中学三年生だった昭和二〇年の日記を軸としており、「敵機うるさく来る。憤怒を静め、じっとにらめば不敵の気、心身にみなぎる」（八月一〇日）の翌日には「明日小麦粉の配給あり」というように空襲と空腹の状況を並列的に綴っている。これは同世代の実感をよびさます。

第二部以降は、幼年時代からの著者の思い出の記で、生き生きした資料が提供される。たとえば、一月一日の奉祝歌「年の始めの例（ためし）とて、／終なき世のめでたさを、／松竹たてて、門ごとに／祝う今日こそ楽しけれ」の替え歌「トーフの始めは豆である／おわり名古屋の大地震／松竹ひっくり返して大さわぎ／イモを食うこそ屁が出るぞ」などが続々と登場してくる。評者の私も、この種の替え歌を学校の帰りに大声で歌った記憶がある。それを学校に通報されると、ゲンコツをくうという時代で、その緊張関係があるからこそ歌いたくなるのであった。

あんな時代に二度と生まれ合わせたくない。だが、本書を読んでいると、あの時代に生きた充実感（？）がよみがえってくるのは、どうしたことだろう。

著者は「あとがき」で、

「フィルムでなく、写真でなく録音でもなく、言葉によってこそ伝えられる、文字を書き連ねることでこそ伝えられる真実があると信じ」

と書いている。詩人として知られる著者の文章は適切な表現にあふれていて、ゆえにその言ありと納得させられるが、テレビより文字の好きな者にとっては嬉しいことばである。

本書を読んでいるうちに、永井荷風の『断腸亭日乗』が重なってきた。老若の記録が、ステレオのように響き合うのである。

北杜夫『マンボウ博士と怪人マブゼ』

文章作品は小説、エッセイ、ノンフィクション等々に分類されるのが従来の慣習であったが、近時、その境界線は曖昧になりつつある。

書店の棚は作者名別に分類され、出版社の図書目録、たとえばこの新潮文庫の目録でも「日本の作品」「海外の作品」の二つに大別されるようになった。

これは、文学であるかないか、小説が好きかノンフィクションが好きか、というジャンル別の志向が弱まり、作者自身へと読者の関心が移行してきたからであろう。

もとより「人と作品」は一体をなすものであり、どんな形式で書こうとその作者以外のものではありえない。しかし、「作品の形式や出来栄えの良し悪し」よりも「作者そのものを肌で感じたい」という傾向が強まってきたことはたしかである。テレビの影響もあるだろう。価値が多様化し、既成の尺度よりも個性的な人間に魅かれる時代になったからかもしれない。

そうした「人」への近時の傾向を、もっとも早く、かつ、もっとも顕著に示したのは北杜夫氏ではないかと私は思う。

すでに二三年も昔になる。『あくびノオト』が新潮社から刊行されたのは昭和三六年八月であった。その目次を見て私は驚いた。短篇小説と随筆とが混ぜこぜになっているではないか。書籍編集の常識では考えにくいことだ。人気作家の本を出すのに性急なあまり、乱暴なことをやったものだと私は思った。「あくびノオト」というトボけた題がついているが、要するに「寄せ集め北杜夫集」にすぎないではないかと冷やかに目次を眺めたものである。

ところが、本文を開いて読んでみると、これが、生生しいまでに「北杜夫そのもの」なのだ。

当時の北杜夫氏の本といえば『どくとるマンボウ航海記』『幽霊』『夜と霧の隅で』『羽蟻のいる丘』『遙かな国遠い国』の五冊だけで、代表作の『楡家の人びと』はまだ世にあらわれていなかった。このような時期に、どういう経緯があったか知らないが、北杜夫氏の多様性に着目し、「人間・北杜夫」に的をしぼった本を刊行した出版編集者の慧眼に私はいたく感心した。それは、まことにユニークにして魅力のある本であった。

『あくびノオト』は好評で、売行きもよかったのであろう。その後も短篇小説と随筆を混ぜ合わせた本は『へそのない本』(昭和三八年一一月)、『マンボウおもちゃ箱』

（昭和四二年九月）、『マンボウぼうえんきょう』（昭和四八年五月）とつづき、この『マンボウ博士と怪人マブゼ』（昭和五三年一一月）が五冊目で、いずれも新潮社から刊行されている。『マンボウ博士と怪人マブゼ』に収められているのはメルヘン五篇と随筆四五篇である。

読み返してみると、これは正にマンボウ亭のヴァイキング料理だ。和風に洋風、硬軟さまざま、アルコールもデザートもあって多彩。目移りがするが、どれ一つをとっても紛れもなく北杜夫の味がする。著者名を見なくても、一、二行読めば北杜夫氏の文章だとわかる。

北杜夫ファンは「幽霊派」「マンボウ・シリーズ派」「楡家の人びと派」に分けられるという。たしかに、そうした分類のできそうな多彩な作家であり、それぞれすぐれた作品群を形成しているが、これらを被っている最高の作品は「北杜夫という人間」ではないだろうか。こんなことを言っては作家の北さんとしては面白くないだろうけれど。

ところで、人間・北杜夫に魅かれた読者は、どういう生態を示すか。

その大半は愛読するだけであろう。

熱心で筆まめな読者はファンレターを書く。その数は少なくない。これに対応するために北さんの家には「いろいろに使える万能ハガキ」なるものが用意されている。刷られている文字は、「賀春」「暑中」「季節の変り目」「寒中お見舞」「祝」「悼」「御誕生」「合格」「落第」「御成婚」「御離婚」。そして「一層の御健勝をお祈り致します」とある。該当する文字を囲み、サインをして返事に代えるわけだ。北さんならではのハガキで、他の人には真似のしにくい重宝さだが、たくさんの読者から手紙がくるので宛名を書くだけでも一仕事であろう。

ここまでは、まだよい。

厄介なのは家にまでやってくる読者だ。これがまた少ない数ではない。そういうことがわかるのは私が北さんの隣に住んでいるからである。しかも立地の関係で、北家への訪問客は私の庭先をかすめて門に達するようになっている。だから、見てはいけないものでも見えてしまう。

とくに多いのは平日ならば夕方、土曜、日曜なら午後である。若者が一人、あるいは二人、女性のグループもある。それが私の庭先の金網の向うをウロウロする。北さんに会いたくて来てみたものの、門のところに、

「療養と仕事に差支えますので面会はお断り致します。お手紙は拝見致します」

の立札があるので入れず、路地を行き来しながら思案するのである。訪問客の多くは諦めて退散するが、なかには門のインターフォンを鳴らす者もいる。多いときは日に何組もが鳴らすから応対する奥様は大変だろうと思う。その文章からは察しにくいことだが、北さんは折目正しく、かつ、ケジメのはっきりした人である。これは躁、鬱にかかわりない。だから、読者や精神科医時代に接した患者については、いっさい書こうとしない。ずいぶんと珍談、奇談があるが、決して公にしない。

こんな話を奥様から聞いたことがある。私の立場ならばかまわないと思うので、それを書く。

あるとき、九州から北家のもとへ一組の布団が送られてきた。ついで、北さんとの結婚の約束を果したいから近々上京するとの女性の手紙が届いた。そして、ついに件の女性がやってきた。帰りの汽車賃を渡し、お引取り願うまでに何時間も要したという。

最後に、本書にちなみ「怪人マブゼ博士」にまつわる思い出を一つ。

本書が刊行される一、二年前のことだったと思う。ある晩おそく北さんから私の家に電話がかかってきた。テープレコーダーを持ってすぐ来られたし、というのである。

録音するのは「マブゼの唄」で、何回も何回も歌ってはテープを聴き、また吹きこむという作業が夜が白むまで続けられた。ようやく満足すべき音がテープにおさまると、今日じゅうにレコード会社へ持参して早急に発売の手続をととのえよ、と命ぜられた。

もちろん躁の時期であったが、北さんの眼は据り、怪人の相を呈していた。あのときは、さすがに恐ろしい人物が隣に住みついたものだと辟易したが、年月を経てみれば懐しい。たまには、あんな元気な北さんに戻ってほしいと思う。なお、テープはレコード会社には持ちこまず、私の戸棚に仕舞いこんだままである。

北杜夫『マンボウ酔族館パートⅡ』

私の肩書きは「旅行作家」だが、「北杜夫氏の隣人」のほうが通りがよいこともある。北さんの随筆には、しばしば私が出没する。

それを読めばわかることだけれど、隣人になった経緯を、まず記しておきたい。

一九五九年四月、水産庁漁業調査船「照洋丸」（六〇〇トン）に船医として乗組んでいた北さんは、アフリカ北西岸沖とヨーロッパの港々をめぐる約六ヵ月の航海を終えて帰国した。当時中央公論社の出版部員だった私は、航海記の執筆を依頼した。

だが、断わられた。小説に専念したいので旅行記を書く気はない、という趣旨だった。

まだ無名と言ってよい作家なのに、名の通った出版社からの執筆依頼を断るとは、と心外だったが、その断わり方は気取りがなくて感じよく、私は仕事の域をこえた親近感をおぼえた。同年代であったし、それからは飲み友だちのような関係になった。

北さんから会社に電話がかかってくると、私は仕事をほったらかして新宿の安バーへ出かけて行った。

いている。

「私が電話をすると、宮脇さんはかならず出てきてくれますなあ。会社では暇なんですか」と言われたことがある。けっして暇ではなかったのだが、北さんから誘われると、万難を排して行きたくなるのであった。飲むのはトリスのハイボールだった。かくするうちに、北さんは十二指腸潰瘍にかかり、気楽に執筆できる旅行記に手を染めることになった。「そのほうがわが潰瘍は機嫌がいいからである」と北さんは書いている。

翌一九六〇年三月、『どくとるマンボウ航海記』が刊行され、ベストセラーになった。同年七月には「夜と霧の隅で」が芥川賞を受けた。それまで兄上の病院に寄留していた風来坊の北さんは経済的にも独立して、家を建てることになった。

私の家（東京都世田谷区松原六丁目）の裏手に一〇〇坪ほどの空地があった。北さんは許嫁《いいなずけ》の喜美子さんとともに現れ、「ここ、気に入りましたです」と新居を建てた。いらい三十有余年。

名にしおう変人が隣に住みついたのだから、それなりのことはある。躁病《そうびょう》のときの北さんは早起きで、その大きな怒鳴り声が近隣に響きわたる。

が、そういう時期は、ごくわずかだ。あとは概して平穏で、おおよそつぎのごとくである。

夕暮れになると、北さんから「ちょっと食前酒を一杯飲みに来ませんか、ほんの五分ぐらい」と電話がかかってくる。「ほんの五分」と誘い、「あと五分」と引きとめるのは北さんの口癖だが、心遣いでもある。もちろん五分で終るはずもない。お誘いが連日に及ぶこともある。夕餉《ゆうげ》の買物から帰宅した喜美子夫人が、ブランデーの杯を手に北さんと向い合っている私を見て、「恋人同士みたいね」と笑う。手軽に呼び寄せられる隣人にすぎないのだが。

かと思うと、一ヵ月も二ヵ月も電話のかかってこないことがある。心配になって、様子を見に行くと、「このところへバッてまして」と、白さを増した髪をかき上げながら「ほんの五分」と私を招じ入れる。

北家との交流は、私が訪れる場合がほとんどで、一方通行なのだが、例外もある。「散歩して帰ったら玄関に鍵がかかっておるです。女房が戻るまで私を置いてください」といったケースもあったが、最近は私の家の電気器具の使用の来訪がときたまある。

コピー機で複写すれば、「便利なものがありますなあ」と、おっしゃる。ファックスで著者校正を返送すれば、「なるほど、これは便利ですなあ」と感心する。だが、北さんはファックスを備えようとしない。機器が苦手なのだろうが、機械化を拒否する姿勢がうかがえる。ワープロなど話題にもならない。

私の家のテレビで相撲を見て、「このテレビ、はっきり映りますなあ」と感心したことがある。北家のテレビは古くて、画面がうすボンヤリしている。しかし、買いかえる気配はない。

隣人だから北さんの散歩姿に接することもある。健康上の理由で夫人から犬の散歩を命じられるのだ。

愛犬のコロ（マルチーズ）が元気よく前を行く。そのあとから紐を握った北さんが朦朧とついて行く。コロが北さんを散歩させているかに見える。

私とすれちがっても、気がつかない。通行人など眼中にないのである。

コロが死んでからは、孫の史弘クンと散歩する姿を見かけるようになった。これもお孫さんが先導で、北さんは、けだるそうに後に従っている。孫の後姿を見る目だけが優しい。

からかい半分に北さんの様態を書けば限りないが、三十余年の隣人としてのおつき合いを通じての感想をまとめれば、

一、北杜夫は紳士である。

二、北杜夫は心優しい人である。

となる。

（二）については北さんの読者は当然だと思うだろう。しかし、（一）は意外に感じる人がありそうだ。だが、北さんは「礼」の人で、自他ともに無礼を許さない。これは直接におつき合いしてみなければわかりにくいことであるが、歓談のなかで、ある人物の名が出たりすると、「あの男はケシカランです。無礼な奴です」と椅子から腰を浮かせる。誰がどうだったと、ここに記すわけにはいかないが、一〇年も二〇年も昔に受けた「無礼」の思い出は消えないのである。

気楽におつき合いしてきたつもりだが、北さんは、ただならぬ厳しい人だから、交際に緊張感はある。北さんは隣人なるがゆえに私の無礼（お酒を飲んだあげくに、ずいぶん失礼なことを言った）は許してくれるだろうが、私としては、残り少なくなった隣人同士の余生を、緊張感を維持しながら大切に過していきたいと思っている。

高田隆雄監修『時刻表百年史』

時を刻んで社会生活を営む者に、予定表や時間割は欠かすことができない。手帖には時刻、場所、会う人などが書きこまれ、新聞のテレビ欄は五分刻みで番組がギッシリ詰まっている。

こうした「時」とのかかわりで私たちになじみが深く、もっとも緻密なのは鉄道の時刻表であろう。航空機、船、バスにも時刻表はあるが、精密さにおいて鉄道のそれには遠く及ばない。

あの数字の羅列を見ると頭が痛くなると言う人もあるほどに鉄道の時刻表が詳細をきわめる理由は、線路に由来する。線路には長大な列車を安全に運転できる等々の多くの長所があるが、その反面、列車のすれちがい、追い抜きには不便である。道路と車の関係のように安直にはいかない。

小回りのきかない列車を一本の線路の上に効率よく、たくさん走らせようとすれば、各列車の運転時刻を細かく定め、すれちがいや追い抜きをつつがなくおこなう必要が生じてくる。そのために、タテ軸に距離、ヨコ軸に時を刻み、上り下りの列車のスジを斜めに引くダイヤグラムが作成されるのだが、これを一般の利用者にわかりやすいように表にしたのが時刻表である。

このダイヤグラムと時刻表が、複雑怪奇なほど精緻をきわめたのは、日本の幹線鉄道であろう。線路増設を後回しにして列車を増発し、線路の容量ギリギリまで列車を密度濃く走らせてきたからである。長期計画の苦手な国民性と政府、狭い国土のもたらす用地難などによるのだろうが、線路にたいする列車数の多さは、諸外国とくらべてみても群を抜いている。

少ない線路に多数の列車を走らせよ、との要請を受けたダイヤ作成者は苦心惨憺《さんたん》し、苦肉の策も講じる。鈍行が急行を追い抜く、通勤列車群が踵《きびす》を接する朝の時間帯には特急や急行を通さない、沿線に団地ができれば貨物線経由の妙な列車を設定する……。

こうした過密ダイヤを生かすには運転時刻の正確さが強く求められる。一本の列車の遅れが多くの列車を混乱に陥れてしまう。日本の列車の運転時刻の正確さは、世界に冠たるもので、それ自体は誇ってよいことだが、内実は線路不足からきているのだ。が、複雑きわまるダイヤと運転時刻の正確さ、それゆえにこそ日本の時刻表は「読物」として面白いのであり、また推理小説のトリックにも使われるのである。

時刻表が社会における流通のありさまを映し出したものであることは言うまでもない。鉄道は、つい十数年前まで陸上輸送の大半を引受け、陸運の王者として君臨してきたので、時刻表を開けばその国の流通の概略を知ることができる。とくに日本の場合は、上述のように複雑にして肌理細《きめ》やかだから、より一層生生しい。しかも、時刻表には船、バス、航空機の時刻も載っている。

かように社会の流通を反映した時刻表の歴史は、日本の場合でも一〇〇年を超えた。各時代の時刻表をひもとき比較すれば、明治いらいの流通における重点の置かれかた、輸送網の広がり、速度などサービスの向上等々を、具体的に読みとることができる。歴史学者がもっとも重視する第一次史料に相当する。

ところが、肝心の古い時刻表を見たいと思っても、なかなか難しい。とくに明治から敗戦に至る期間のバックナンバーは、ほとんど見ることができない。日本交通公社の書庫は戦災で焼けてしまったし、東京の交通博物館も全巻揃いには遠く及ばない寥々《りょうりょう》たる保存ぶりである。国会図書館にもない。図書館は新聞や雑誌は保存するが、時刻表を保存の対象とはしていない。

一般の購読者にしてもそうだ。月や年が替わり、列車ダイヤが改正になれば、時刻表など紙クズとして捨ててしまう。これは時刻表の用途からみてやむをえないことだったろう。

かく言う私にしても、五〇年にもわたって時刻表をほとんど毎月購入し、愛読してきたのに、捨てずに保存するようになったのは、わずか十数年前からである。いまにして思えば不明の至り、残念無念である。

先年、必要があって、戦前の時刻表を古本屋で一〇冊ほど買った。たまたま福島県の旧家の物置に眠っていたものとのことであったが、これがビックリするほど値が高い。史料としての価値が高くて数が少なければ高価になるのは当然であるが、あまりの値の高さに古い時刻表の貴重さをあらためて痛感した。

こうした時刻表のバックナンバーへの渇に応えてか、中央社、日本交通公社から数冊ずつセットになった復刻版が出され、また、日本最古の冊子形式による時刻表である明治二七年一〇月発行の『汽車汽船旅行案内』（庚寅新誌社《こういんしんししゃ》）が発見され、あき書房が復刻してくれたのも有難いことであったが、一〇〇年余にわたって発行されてきた時刻表の厖大《ぼうだい》なバックナンバーからすれば、ごく一部のそのまた一部にすぎない。

もとより、時刻表ほど変りばえのしない月刊誌は他になく、連載小説が載っているわけでなし、ダイヤ改正でもないかぎり内容が大きく変るわけではない。バックナンバーが完全に揃わなければ困るというものではない。しかし、時刻表の保存ぶりは、その史料としての価値から見て、あまりに少なすぎる。

本書『時刻表百年史』は、一般には手にとることの至難な過去の時刻表を集め、選りすぐり、日本の鉄道史上の節目をなすダイヤ大改正号を中心として紹介したものである。

適切な章の立てかた、豊富な図版、斯界《しかい》の長老である高田隆雄さんの年輪を感じさせる序章、松尾定行さんの要を得た解説。こうした内容の本が多数の読者を対象とする文庫版で発行される時代を迎えたかと思うと、感慨ひときわ深いものがあるが、わけても私が感心したのは三宅俊彦さん提供による「時刻表コレクション」であった。私の見たことのない、そして大方の時刻表研究者にとって垂涎《すいぜん》の的の貴重な珍品が惜しげもなく並んでいるではないか。明治三二年一一月刊の『旅行独案内』（日本同盟大旅館会本部発行）、明治三七年一月刊の『旅のつれぐ〳〵』（精美社発行）などなどがそれである。こうした貴重な文化遺産が日本全国津々浦々のどこにどう眠っているかは神ならぬ身の知る由もないことだが、本書に紹介された三宅さんのコレクションのなかには、日本で一冊しか発見されていないという時刻表が何冊もあるはずだ。

聞けば、三宅さんは昭和一五年生れで、三五年頃から古い時刻表を収集しはじめたという。先見の明ありだが、すでに古本屋での時刻表の値は高く、学生から安月給とり時代の少壮の身にとっては大変な負担だったにちがいない。それに負《め》げず、時刻表の個人コレクションといえば三宅さんの名が上るのは偉とせねばならない。

もとより本書に収められたのは、その片鱗《へんりん》にすぎないが、それに触れる喜びを読者とともに分ちたい。

あとがき

宮脇灯子

作家の没後、その人の未発表または未完成原稿、初期の短編など、人目にふれることのなかった作品が本になって世に出るのは出版界の常のようである。そういった作品集を書店で見るたび、私は二〇〇三年に亡くなった父、宮脇俊三が次のように話していたことを思い出す。

「作家自身は世に出すのを躊躇していた文章でも、本人が亡くなると遺族はちゃっちゃっとかき集めて出版しちゃうんだよね。遺族が女の場合は、その行動の迅速さは顕著だね」

飄々とした口ぶりではあった。だが、「故人の心、遺族関せず」の薄情さや、一般的に男性に比べて経済観念に長けているとされる女性が、遺産の現金化にもその才を発揮することを皮肉る気持ちが、父の中にあったことは間違いない。

だから、河出書房新社の武田浩和さんから、「『終着駅』というタイトルで雑誌に連載されていた原稿が一二編、単行本化されずに残っています。抜群の内容なので、これに他の単行本未収録原稿を合わせて出版したいのですが」とお話をいただいたときも、「是非！」というよりは、「やっかいだな」という思いのほうが強かった。

確かに私は過去、作家にとっては企業秘密ともいえる父の取材メモを書籍化して世に出すことに同意し、自ら手帳を出版社に手渡したことがある（『「最長片道切符の旅」取材ノート』新潮社）。今さら故人の思いを酌むだの何だの、エラそうなことを言える立場ではない。でもやはり作品集を出すのなら、文章の内容も質も、父が納得するものでなければ、という思いは強くあった。「こぼれたものを拾い集めてまとめました」という印象にしてはならないから、収録する原稿は厳選しなければならない。だが、それだけ内容のあるものが果たして集まるのか、それ以前に、厳選できるだけの候補となる単行本未収録原稿がこの世に存在しているのかどうかも不明だった。そして最終的に原稿が集まらなかったときには、編集サイドに「出版はお断り」の意思を毅然と示さなければならない。その勇気が自分にあるだろうか……。

しかし、すべては杞憂に終わった。精力的かつ粘り強く武田さんが探してきてくださった単行本未収録原稿は、予想以上の量だった。まず武田さんが選別を行い、こちらで目を通したところ、日の目を見せてあげるに値する文章の数も、これまた想像以上だった。そこから口述筆記や談話の疑いのあるものは除くという経緯を経て、できあがったのが本書である。内容からいって、『終着駅は始発駅』（一九八二年刊）、『汽車との散歩』（一九八七年刊）、『旅は自由席』（一九九一年刊）に継ぐ、四冊目の随筆・雑文集という位置づけになる。

タイトルにもなっている第一章「終着駅」は、一九七九年一月から一年間、歯科技工士向けの専門誌「クインテッセンス・ジャーナル」に連載されたものである。父が『時刻表2万キロ』でデビューしたのが一九七八年七月で、二作目の『最長片道切符の旅』刊行が翌年一〇月であるから、そのあいだに書かれた初期中の初期作品だ。初期の文章には初々しさと、それまで温めてきた鉄道への思いが行間から溢れんばかりに伝わってくるので、私は好きである。加えて、現在は半分が廃線・廃駅になってしまった一二の路線と終着駅についての文章には哀歓も漂い、読む側の期待を裏切らない。なぜこれまで単行本に収録されなかったのかが謎である。まとめて収める機会を逸したのではと推測する。

本書に収められている作品のなかには、すでにほかで繰り返し述べられている内容もある。文筆業を長く営んでいると、過去に書いたものと似たことを書いてしまうのは避けられないことらしい。父も『旅は自由席』の「あとがき」で白状している。そのうえで「そういう文は、できるだけ排除したが、旅にたいする私の基本的考えかたを記したものについては重複をいとわない方針にした」としているので、今回もそれに倣うことにした。

重複の部分は、冬の旅の魅力、鶴見線、終戦を迎えた米坂線、今泉駅での思い出、「愛読書」の時刻表についてなど、宮脇俊三を語る上ではずせないテーマばかりだ。恐らく最後になるであろう作品集の中に、重複のさらなる繰り返しがあっても、今さら父も目くじらはたてまい。

個人的に私が気に入っている文章をあげると、ひとつは「空の旅　レールの旅」。行きは飛行機、帰りは寝台列車で福岡を往復するこの「乗り比べ記」の中で、鉄道専門の父がジェット機の離陸の描写に多くの行数を割いているのが新鮮だ。それから、中学から高校にかけての年齢に、突然変異的に性格が一八〇度変わったということを告白している「若い日の私」「テニスで心機一転」。知らなかった父の一面が垣間見え、未発表の新作を読んでいるかのように引き込まれた。

近年の鉄道ブームのおかげで、没後七年目に入った今でも、各メディアが宮脇俊三をとりあげてくださる。非常に嬉しくはあるが、同時に、私たちとは無関係の「偉人」になってしまったようでもあり少し寂しい。三十余年を家族として共に過ごし、

「パパ」と呼んでいた宮脇俊三と、「鉄道紀行文学の父」と崇められ、モノクロ写真に納まっている宮脇俊三は別人にも見える。

しかし、本書の校正刷りを読んでいるあいだは、純粋に「汽車ポッポ」を愛する、元気な親しい父と一緒にいるような気持ちになった。楽しく、嬉しかった。

ここに収められた文章を書くにあたって父がお世話になった編集者の方々、収録を快諾してくださった各社に厚くお礼申し上げます。

二〇〇九年七月

解説　終着駅は出発駅

髙山文彦

知らない土地を訪れたとき、時間を見つけては鉄道に乗る。パリからボルドーまで特急列車で往復したし、イスタンブール、プラハ、ヘルシンキではトラムに乗った。北海道の厚岸《あっけし》と根室を往復し、東日本大震災から十日後にいちはやく部分復旧した三陸鉄道北リアス線の宮古―田老間を往復しもした。

乗ることはできなかったが、エジプトの砂漠の砂ぼこりをかぶったどこまでもまっすぐにつづく線路や、ブルキナファソという日本ではほとんど知られていない国の、緑の隙間を縫ってやはりまっすぐにつづく線路を渡ったとき、ああ、こんな貧しい国にも鉄道が走っているのかと、なんだかほっとして、つぎに訪れる機会があったらぜひ乗ってみようとあこがれた。

どこへ行ってもそこの鉄道が気になりだしたのは、二〇〇五年九月に故郷の高千穂鉄道が台風災害で甚大な被害をこうむり、復旧断念、廃止へと至ってしまってからだ。

喪失の目で鉄道に乗っていると、車内の人びとの表情や窓外の光景がなんと新鮮で、いとおしく思えてくることか。

復旧費用二六億円、年間赤字七〇〇〇万円――気の遠くなるような数字をあげて高千穂鉄道は終焉したが、鉄道が伝えてきた人びとの記憶や情景を今後とも末長く引き継いでいくためにならば、けっして高い出費ではないだろうと、いまだに思う。震災から一ヵ月後に乗った三陸鉄道の車内で「あんた、生きてたかあ」「ああ、あんたも生きてたかあ」と、両手を握りあい喜びあう買い出し帰りの乗客の姿を見ていて、あらためてその思いを強くした。

「できるところからやろう」「被災していない区間があるのだから、通学や通院のためにそこだけでも走らせよう」と、復興運動にあたった私たちは迫ったが、叶えられなかった。私たちの試算では、ある区間は二〇〇〇万円、ある区間は一五〇〇万円程度で部分復旧が可能と出ていた。

できるところからすぐにはじめないと、復旧は不可能な事態におちいってしまう。三陸鉄道は、そうした私たちの挫折の経験を活かしてくれたのではないかと思う。

『終着駅』を読むと、ローカル線は失くしてはいけないと、やはり考えさせられる。宮脇さんの生きた時代は鉄道全盛期だが、完成の一歩手前で工事が中止された山陽本線の上郡《かみごおり》と因美線の智頭《ちず》を結ぼうとしていた智頭線について触れた文章に、私は心を奪われた。

待ちきれないので、私は智頭線に沿って車で走り、高架橋の上を歩いてみた。そして、鉄道建設公団から駅の配線図や運転速度の資料を頂戴し、それをもとにして方眼紙にスジを引いた。高校のある駅、始業時間なども勘案したつもりである。

これで私のなかの智頭線は開業した。

その「下り」の時刻表が、同じページに掲げてある。普通列車が一日八本、急行列車が一日五本。なんと贅沢な線であることか。「宮脇俊三作／国鉄非監修」「全線運休中／開通見込不明」と、書き添えてある。宮脇さんの静かな怒りと悲しみが、ユーモアのなかに感じられる。

この当時、国鉄は各地で既存路線の延長や新路線工事をすすめながら、つぎつぎに中途で断念していった。宮脇さんの智頭線時刻表は、ついに叶えられることのなかった地元の人びとの夢と希望への慰藉であり、鎮魂なのだ。

私は故郷の鉄道を思い出すたびに、実感として、ローカル線はその地域社会にとって公共の福祉施設であったのだと、つくづく思う。通学や通院、車の運転のできない高齢者にとっては生活の足であり、駅舎は公民館のような場所だった。それぞれの駅とそこへ向かうアプローチの草刈りをしていたのは、鉄道員たちではない。地元の人たちが出て、草刈りをしていた。小さな無人駅に毎朝野の花を一輪摘んできては、手づくりの竹の一輪挿しに活けているおばあさんを、私は知っていた。その人は駅舎の掃除もしていた。

こうしたことが駅ごとにおこなわれ、沿線のゴミひろいや草刈りもおこなわれて、鉄道はとても大事にされていた。

車両のなかで起こる人と人との出会いやつきあいも、礼儀を知らぬ高校生を叱りつけ教えることも、鉄道があればこその風景であり、子供たちにとってはもうひとつの学校のような場所なのでもあった。窓外に四季折りおりに変化を見せる自然の姿、ふだんは見ることのできぬひとすじの滝との一日一座か二座の遭遇も、二代三代まえから連綿とつづけられてきた人間の記憶遺産といえるだろう。

情操が育つ場所としても、鉄道は公共の福祉としてあり、乱暴な言い方をすれば採算なんて二の次でかまわない。だから私など、年間七〇〇〇万円の赤字をどうするのかと迫られても、公共の福祉に赤字も黒字もあるものか、七〇〇〇万なんぞ公共の福祉として見れば安いものではないかと言ったりして、利潤追求型の人びとの目を白黒させたものだ。

「郷愁で赤字を増やされては困る」と、廃止を求める人びとは言ったが、郷愁というものも人の力になって、ビジネスチャンスに結びつけることだってできるはずなのだ。戦後の日本では、ことに高度経済成長以降から、ノスタルジーは進歩にとって不都合なものとみなされ、ことごとく排除されてきた。その結果、効率優先主義がまかりとおり、無駄という理由で切り捨てられ、東北や北陸のローカル線に乗っても、まるで東京の通勤電車と同様の味気ない座席の配列になってしまう。

宮脇さんは、声低く、おだやかに述べる。

> 青森から連絡船で函館へ渡り、サイロや駒ヶ岳を眺めながらたどり着いた札幌と、あっさり千歳空港から入った札幌とはちがう。地べたを匍って行く北海道と空から飛びこむ北海道とが別の貌《かお》を見せることは、乗りくらべた人には同感していただけるだろう。「はるばる来たぜ函館へ」という歌があるが、あれでこそ北海道への旅なのだ。

交通機関は目的地へ行くための手段である。そのかぎりでは「文明」にすぎない。

しかし、車窓を楽しみ、街道をたどった昔の人に思いをはせれば「文化」の趣を呈してくる。鉄道旅行には、その余地が残されている。

東日本大震災で壊滅的打撃をうけた東北地方の各鉄道で廃止か復活かをめぐって議論が起きていることを宮脇さんが知ったら、どう思うだろうか。『終着駅』で語られる終着駅のすばらしさこそが、これからの出発点になるのではないかと、私は想像し、期待する。

（作家）

＊本書は、二〇〇九年九月に単行本として小社より、二〇一二年一月に河出文庫より刊行されました。

新装版
終着駅《しゅうちゃくえき》

二〇一二年 一 月二〇日 初版発行
二〇二三年 一 月一〇日 新装版初版印刷
二〇二三年 一 月二〇日 新装版初版発行

著 者 宮脇俊三《みやわきしゅんぞう》
発行者 小野寺優
発行所 株式会社河出書房新社
〒一五一－〇〇五一
東京都渋谷区千駄ヶ谷二－三二－二
電話〇三－三四〇四－八六一一（編集）
〇三－三四〇四－一二〇一（営業）
https://www.kawade.co.jp/

ロゴ・表紙デザイン 粟津潔
本文フォーマット 佐々木暁
本文組版 KAWADE DTP WORKS
印刷・製本 凸版印刷株式会社

落丁本・乱丁本はおとりかえいたします。

本書のコピー、スキャン、デジタル化等の無断複製は著作権法上での例外を除き禁じられています。本書を代行業者等の第三者に依頼してスキャンやデジタル化することは、いかなる場合も著作権法違反となります。

Printed in Japan ISBN978-4-309-41944-2

河出文庫

時刻表2万キロ

宮脇俊三　47001-6

時刻表を愛読すること四十余年の著者が、寸暇を割いて東奔西走、国鉄（現ＪＲ）二百六十六線区、二万余キロ全線を乗り終えるまでの涙の物語。日本ノンフィクション賞、新評交通部門賞受賞。

汽車旅12ヵ月

宮脇俊三　41861-2

四季折々に鉄道旅の楽しさがある。１月から12月までその月ごとの楽しみ方を記した宮脇文学の原点である、初期『時刻表２万キロ』『最長片道切符の旅』に続く刊行の、鉄道旅のバイブル。（新装版）

ちんちん電車

獅子文六　41571-0

品川、新橋、銀座、日本橋、上野、浅草……獅子文六が東京を路面電車でめぐりながら綴る、愛しの風景、子ども時代の記憶、美味案内。ゆったりと古きよき時代がよみがえる名エッセイ、新装版。

中央線をゆく、大人の町歩き

鈴木伸子　41528-4

あらゆる文化が入り交じるＪＲ中央線を各駅停車。東京駅から高尾駅まで全駅、街に隠れた歴史や鉄道名所、不思議な地形などをめぐりながら、大人ならではのぶらぶら散歩を楽しむ、町歩き案内。

山手線をゆく、大人の町歩き

鈴木伸子　41609-0

東京の中心部をぐるぐるまわる山手線を各駅停車の町歩きで全駅制覇。今も残る昭和の香り、そして最新の再開発まで、意外な魅力に気づき、町歩きの楽しさを再発見する一冊。各駅ごとに鉄道コラム掲載。

HOSONO百景

細野晴臣　中矢俊一郎〔編〕　41564-2

沖縄、ＬＡ、ロンドン、パリ、東京、フクシマ。世界各地の人や音、訪れたことなきあこがれの楽園。記憶の糸が道しるべ、ちょっと変わった世界旅行記。新規語りおろしも入ってついに文庫化！

わたしの週末なごみ旅

岸本葉子　41168-2

著者の愛する古びたものをめぐりながら、旅や家族の記憶に分け入ったエッセイと写真の『ちょっと古びたものが好き』、柴又など、都内の楽しい週末“ゆる旅”エッセイ集、『週末ゆる散歩』の二冊を収録！

ニューヨークより不思議

四方田犬彦　41386-0

1987年と2015年、27年の時を経たニューヨークへの旅。どこにも帰属できない者たちが集まる都市の歓喜と幻滅。みずみずしさと情動にあふれた文体でつづる長編エッセイ。

巴里ひとりある記

高峰秀子　41376-1

1951年、27歳、高峰秀子は突然パリに旅立った。女優から解放され、パリでひとり暮らし、自己を見つめる、エッセイスト誕生を告げる第一作の初文庫化。

パリジェンヌのパリ20区散歩

ドラ・トーザン　46386-5

生粋パリジェンヌである著者がパリを20区ごとに案内。それぞれの区の個性や魅力を紹介。読むだけでパリジェンヌの大好きなflânerie（フラヌリ・ぶらぶら歩き）気分が味わえる！

女ひとりの巴里ぐらし

石井好子　41116-3

キャバレー文化華やかな一九五〇年代のパリ、モンマルトルで一年間主役をはった著者の自伝的エッセイ。楽屋での芸人たちの悲喜交々、下町風情の残る街での暮らしぶりを生き生きと綴る。三島由紀夫推薦。

いつも異国の空の下

石井好子　41132-3

パリを拠点にヨーロッパ各地、米国、革命前の狂騒のキューバまで――戦後の占領下に日本を飛び出し、契約書一枚で「世界を三周」、歌い歩いた八年間の移動と闘いの日々の記録。

香港世界

山口文憲　41836-0

今は失われた、唯一無二の自由都市の姿——市場や庶民の食、象徴ともいえるスターフェリー、映画などの娯楽から死生観まで。知られざる香港の街と人を描き個人旅行者のバイブルとなった旅エッセイの名著。

太宰治の手紙

太宰治　小山清〔編〕　41616-8

太宰治が、戦前に師、友人、縁者などに送った百通の手紙。井伏鱒二、亀井勝一郎、木山捷平らへの書簡を収録。赤裸々な、本音と優しさとダメさかげんが如実に伝わる、心温まる一級資料。

瓶のなかの旅

開高健　41813-1

世界中を歩き、酒場で煙草を片手に飲み明かす。随筆の名手の、深く、おいしく、時にかなしい極上エッセイを厳選。「瓶のなかの旅」「書斎のダンヒル、戦場のジッポ」など酒と煙草エッセイ傑作選。

魚の水（ニョクマム）はおいしい

開高健　41772-1

「大食の美食趣味」を自称する著者が出会ったヴェトナム、パリ、中国、日本等。世界を歩き貪欲に食べて飲み、その舌とペンで精緻にデッサンして本質をあぶり出す、食と酒エッセイ傑作選。

居酒屋道楽

太田和彦　41748-6

街を歩き、歴史と人に想いを馳せて居酒屋を巡る。隅田川をさかのぼりはしご酒、浦安で山本周五郎に浸り、幕張では椎名誠さんと一杯、横浜と法善寺横丁の夜は歌謡曲に酔いしれる——味わい深い傑作、復刊！

下町呑んだくれグルメ道

畠山健二　41463-8

ナポリタン、うなぎ、寿司、串揚げ、もつ煮込みなど、下町ソウルフードにまつわる勝手な一家言と濃い人間模様が爆笑を生む！「本所おけら長屋」シリーズで人気沸騰中の著者がおくる、名作食エッセイ。

みんな酒場で大きくなった

太田和彦　41501-7

酒場の達人×酒を愛する著名人対談集。角野卓造・川上弘美・東海林さだお・椎名誠・大沢在昌・成田一徹という豪華メンバーと酒場愛を語る、読めば飲みたくなる一冊！　特別収録「太田和彦の仕事と酒」。

わたしのごちそう365

寿木けい　41779-0

Twitter人気アカウント「きょうの140字ごはん」初の著書が待望の文庫化。新レシピとエッセイも加わり、生まれ変わります。シンプルで簡単なのに何度も作りたくなるレシピが詰まっています。

季節のうた

佐藤雅子　41291-7

「アカシアの花のおもてなし」「ぶどうのトルテ」「わが家の年こし」……家族への愛情に溢れた料理と心づくしの家事万端で、昭和の女性たちの憧れだった著者が四季折々を描いた食のエッセイ。

パリっ子の食卓

佐藤真　41699-1

読んで楽しい、作って簡単、おいしい！　ポトフ、クスクス、ニース風サラダ…フランス人のいつもの料理90皿のレシピを、洒落たエッセイとイラストで紹介。どんな星付きレストランより心と食卓が豊かに！

天下一品　食いしん坊の記録

小島政二郎　41165-1

大作家で、大いなる健啖家であった稀代の食いしん坊による、うまいものを求めて徹底吟味する紀行・味道エッセイ集。西東の有名無名の店と料理満載。

食いしん坊な台所

ツレヅレハナコ　41707-3

楽しいときも悲しいときも、一人でも二人でも、いつも台所にいた――人気フード編集者が、自身の一番大切な居場所と料理道具などについて語った、食べること飲むこと作ることへの愛に溢れた初エッセイ。

早起きのブレックファースト

堀井和子　41234-4

一日をすっきりとはじめるための朝食、そのテーブルをひき立てる銀のポットやガラスの器、旅先での骨董ハンティング…大好きなものたちが日常を豊かな時間に変える極上のイラスト＆フォトエッセイ。

おなかがすく話

小林カツ代　41350-1

著者が若き日に綴った、レシピ研究、買物癖、外食とのつきあい方、移り変わる食材との対話——。食への好奇心がみずみずしくきらめく、抱腹絶倒のエッセイ四十九篇に、後日談とレシピをあらたに収録。

小林カツ代のおかず道場

小林カツ代　41484-3

著者がラジオや料理教室、講演会などで語った料理の作り方の部分を選りすぐりで文章化。「調味料はピャーとはかる」「ぬるいうちにドドドド」など、独特のカツ代節とともに送るエッセイ＆レシピ74篇。

小林カツ代のきょうも食べたいおかず

小林カツ代　41608-3

塩をパラパラッとして酒をチャラチャラッとかけて、フフフフフッて五回くらいニコニコして……。まかないめしから酒の肴まで、秘伝のカツ代流レシピとコツが満載！　読むだけで美味しい、料理の実況中継。

おばんざい　春と夏

秋山十三子　大村しげ　平山千鶴　41752-3

1960年代に新聞紙上で連載され、「おばんざい」という言葉を世に知らしめた食エッセイの名著がはじめての文庫化！　京都の食文化を語る上で、必読の書の春夏編。

おばんざい　秋と冬

秋山十三子　大村しげ　平山千鶴　41753-0

1960年代に新聞紙上で連載され、「おばんざい」という言葉を世に知らしめた食エッセイの名著がはじめての文庫化！　京都の食文化を語る上で、必読の書の秋冬編。解説＝いしいしんじ

著訳者名の後の数字はISBNコードです。頭に「978-4-309」を付け、お近くの書店にてご注文下さい。